Reformbedarf im Krankenhaus- und Arzneimittelbereich nach der Wahl

ALLOKATION IM MARKTWIRTSCHAFTLICHEN SYSTEM

Herausgegeben von
Heinz König (†), Hans-Heinrich Nachtkamp (†),
Ulrich Schlieper, Eberhard Wille

Band 74

PETER LANG

Eberhard Wille (Hrsg.)

REFORMBEDARF IM KRANKENHAUS- UND ARZNEIMITTELBEREICH NACH DER WAHL

22. Bad Orber Gespräche über kontroverse Themen im Gesundheitswesen

PETER LANG

Bibliografische Information der Deutschen Nationalbibliothek
Die Deutsche Nationalbibliothek verzeichnet diese Publikation
in der Deutschen Nationalbibliografie; detaillierte bibliografische
Daten sind im Internet über http://dnb.d-nb.de abrufbar.

Gedruckt auf alterungsbeständigem, säurefreiem Papier
Druck und Bindung: CPI books GmbH, Leck

ISSN 0939-7728
ISBN 978-3-631-76749-8 (Print)
E-ISBN 978-3-631-77137-2 (E-PDF)
E-ISBN 978-3-631-77138-9 (EPUB)
E-ISBN 978-3-631-77139-6 (MOBI)
DOI 10.3726/b14822

© Peter Lang GmbH
Internationaler Verlag der Wissenschaften
Berlin 2018
Alle Rechte vorbehalten.

Peter Lang – Berlin · Bern · Bruxelles · New York ·
Oxford · Warszawa · Wien

Diese Publikation wurde begutachtet.

www.peterlang.com

Inhaltsverzeichnis

Marco Annas

Begrüßungsansprache „Bad Orber Gespräche 2017"

Sehr geehrten Damen und Herren, liebe Gäste,
im Namen von Bayer begrüße ich Sie zu den 22. Bad Orber Gesprächen. Vorab möchte ich mich ganz herzlich bei den Vortragenden für Ihre Impulse und Anregungen bedanken. Die Bad Orber Gespräche leben von spannenden Vorträgen und einer offenen und kritischen Diskussion. Das über die vielen Jahre bewahrt zu haben, spricht für den Wert und die Qualität unserer Veranstaltungsreihe und ist sicher auch ein Grund für die steigende Teilnehmerzahl in den letzten Jahren.

Besonderer Dank gilt wie immer Herrn Professor Wille, der als langjähriger Chairman die Geschicke unserer Veranstaltung lenkt. Es zeichnet die Marke „Bad Orb" unter seiner Leitung aus, dass er jedes Jahr im November erfahrene und streitbare Entscheider des deutschen Gesundheitssystems zusammenbringt. Dafür gebührt Ihnen, lieber Herr Professor Wille, mein ganz besonderer Dank!

In diesem Jahr fällt unsere Veranstaltung in eine Phase der politischen Unsicherheit. Acht Wochen nach der Bundestagswahl gibt es absehbar keine neue Regierungskoalition. Es gibt Anzeichen, dass es noch einige Zeit – möglicherweise bis Mitte 2018 – dauern wird, bis die jetzige geschäftsführende Regierung abgelöst wird. Es zeigt sich aber auch, dass die Mechanismen des Grundgesetzes funktionieren: Von einer Staatskrise, wie einige Medien getitelt haben, sind wir weit entfernt.

Aufgefallen ist, dass gesundheitspolitische Themen in den Sondierungen zu „Jamaika" nur Randnotizen waren. Gerade einmal 1,5 Seiten umfasst das Kapitel zur Gesundheit. Auch im Wahlkampf spielte Gesundheitspolitik so gut wie keine Rolle. Allen Akteuren im System dürfte dennoch klar sein: Es gibt nach wie vor großen Handlungsbedarf. Darüber kann auch die sehr gute Finanzlage in der GKV nicht hinwegtäuschen.

Was sind die wichtigen Themenfelder im Gesundheitssystem, die es in der 19. Legislaturperiode zu bearbeiten gilt? Neben den großen Struktur-Themen Digitalisierung, Finanzierung und Qualität der Versorgung gibt es Reformbedarf beim Gemeinsamen Bundesausschuss, in der Pflege, beim Morbi-RSA, bei der Krankenhausstruktur, bei Apotheken und Arzneimitteln und noch vielem mehr. Einige der Themen stehen damit völlig zu Recht im Mittelpunkt unserer diesjährigen Tagung. Besonders interessiert uns natürlich der Arzneimittelsektor, speziell das AMNOG, auch wenn dieses System mit früher Nutzenbewertung und Preisverhandlung mittlerweile als etabliert gilt und über alle Parteien hinweg mehr oder weniger große (Selbst-) Zufriedenheit herrscht.

Von Zufriedenheit kann aus unserer Sicht allerdings noch nicht die Rede sein, denn es gilt festzuhalten: Von 190 neu eingeführten Wirkstoffen seit 2011 fehlen mittlerweile mehr als 30 Medikamente am Markt – Tendenz steigend. Das sind Arzneimittel, deren Wirksamkeit und Nutzen von den Zulassungsbehörden offiziell bestätigt wurden und die laut Leitlinien in der Versorgung gebraucht werden. Ein Missstand, der mittlerweile auch bei den Patienten ankommt. Zum Beispiel, wenn für ein Arzneimittel eine zweifelsfrei erwiesene Verlängerung der Überlebenszeit letztlich doch nicht als zusätzlicher Nutzen für die betroffenen Krebspatienten anerkannt wird unter dem Verweis auf mögliche Nebenwirkungen. Nehmen Sie hierzu eine öffentliche Diskussion war? Leider ist das nicht so, denn das Thema ist zugegebenermaßen sehr kompliziert. Kaum einer versteht die komplexen methodischen Details und – ja auch das – *Wertentscheidungen* der frühen Nutzenbewertung, die sich hinter einem vermeintlich technischen und objektiven Verfahren verbergen.

Woran es daher grundsätzlich mangelt, ist die fehlende Transparenz der Entscheidungsfindung und, dabei ganz entscheidend, die systematische Berücksichtigung der Patientenpräferenzen und der Prioritäten der klinischen Experten, also der Ärzte. Auch die Tatsache, dass in sehr vielen Fällen die Entscheidung *„Zusatznutzen nicht belegt"* überwiegend aus formalen Gründen getroffen wird, muss Anlass sein, darüber zu diskutieren, ob Formalien oder die Perspektive der Patienten und klinischen Experten handlungsleitend sein sollten.

Die Methodik der frühen Nutzenbewertung muss aus unserer Sicht erweitert werden, um die verfügbare Evidenz umfassend in die Bewertungs- und Entscheidungsprozesse zu integrieren. Mit der Begrenzung auf die „bestmögliche" Evidenz, also randomisierte kontrollierte Studien (RCT), bleibt die bestverfügbare Evidenz unberücksichtigt. Ein Lösungsansatz könnte zum Beispiel sein, dass der Gemeinsame Bundesausschuss gesetzlich verpflichtet wird, die Studienlage zum Zeitpunkt der Zulassung zu akzeptieren. Auch eine systematisch stärkere Einbeziehung des klinischen Sachverstands der ärztlichen Fachgesellschaften wäre wünschenswert. Dort sitzen nämlich diejenigen, die täglich Erfahrungen im Umgang mit den Patientinnen und Patienten sammeln.

Ein weiteres, wichtiges Thema ist das Arztinformationssystem, dass derzeit im Bundesgesundheitsministerium in eine Rechtsverordnung gegossen wird. Es kann wohl niemand etwas dagegen haben, Ärzte besser als bisher über die Beschlüsse des Gemeinsamen Bundesausschusses zur frühen Nutzenbewertung zu informieren, solange damit wirklich eine gezieltere Information statt einer Steuerung der Ärzte erreicht wird. Das hat die Kassenärztliche Bundesvereinigung in ihrem aktuellen Positionspapier zum Arztinformationssystem auch deutlich gemacht: „Es ist jedoch unbedingt darauf zu achten, dass aus ‚Information' nicht faktische Verordnungsausschlüsse aufgrund von Hinweisen zur Wirtschaftlichkeit oder gar ‚kassengesteuerte Verordnungskontrolle' mit einer nochmals erheblichen Verschärfung der Regressbedrohung der Ärzte und einer Einschränkung der Therapiefreiheit wird."[1]

Dem ist aus meiner Sicht nichts hinzuzufügen. Der Arzt muss mit dem neuen Informationssystem seine Therapiefreiheit behalten, um eine optimale Versorgung für den einzelnen Patienten nach dem allgemein anerkannten Stand der medizinischen Erkenntnisse und mit Offenheit für Innovationen verantwortlich gewährleisten zu können. Versorgungslücken dürfen mit dem Arztinformationssystem nicht entstehen. Das muss auch der Anspruch der Selbstverwaltung sein. Wir werden daher sehr sorgfältig auf die Ausgestaltung der Rechtsverordnung des BMG achten. Arzneimittel ohne belegten Zusatznutzen sind eben gerade nicht ohne Nutzen. Sie dürfen in der Praxissoftware nicht diskriminiert werden. Denn diese „gleich guten" Medikamente können wertvolle Therapiealternativen sein, etwa im Fall von Medikamentenunverträglichkeiten oder wenn andere Medikamente bei Patienten nicht wirken.

Abschließend noch ein Wort zum Mischpreis. Mischpreise werden im Rahmen des AMNOG immer dann vereinbart, wenn bei einem Arzneimittel verschiedenen Patientensubgruppen unterschiedlich hohe Zusatznutzenkategorien zugeordnet werden. Der Mischpreis ist in den Preisverhandlungen zwischen dem pharmazeutischen Unternehmer und dem GKV-Spitzenverband mittlerweile die Regel und nicht die Ausnahme. Verhandelt wird stets *ein* Erstattungsbetrag. Dieser im AMNOG verankerte Grundsatz steht übrigens auch im Einklang mit Paragraph 78 des Arzneimittelgesetzes, wonach ein einheitlicher Abgabepreis für ein Arzneimittel gilt. Aber: Das Landessozialgericht Berlin-Brandenburg hat die Mischpreisbildung für rechtswidrig erklärt und damit die Axt an einen Grundpfeiler des AMNOG-Systems gelegt. Eine finale Entscheidung durch das Bundessozialgericht dürfte erst in ein bis zwei Jahren zu erwarten sein. Daher mein Appell: Da die Normauslegung des LSG das gesamte in den vergangenen sechs Jahren praktizierte AMNOG-Verfahren der Preisfindung infrage stellt, ist der Gesetzgeber dringend gefordert, die Praxis der Mischpreisbildung gesetzlich

---

1   www.kbv.de/html/26979.php, abgerufen im November 2017.

abzusichern, damit keine Regressdrohungen oder Manipulationsanreize im Raum stehen und zu Verunsicherung bei allen Beteiligten führen.

Egal ob Jamaika, Minderheitsregierung, „GroKo", oder doch Neuwahlen, in der Gesundheitspolitik bleibt viel zu tun.

Ich wünsche uns allen viele neue Erkenntnisse und gute Gespräche in den nächsten beiden Tagen.

Wulf-Dietrich Leber

Krankenhauspolitik in der neuen Legislaturperiode – Die Sicht des GKV-Spitzenverbandes[1]

1 KHSG-Umsetzung

Anders als erwartet hat Deutschland bis zum heutigen Tag keine neue Bundesregierung. Für die gemeinsame Selbstverwaltung bedeutet das keineswegs Stillstand, da der Umfang an gesetzlich vorgegebenen Umsetzungsaufgaben bis auf Weiteres Vollbeschäftigung aller Gremien garantiert. Von den fast zwei Dutzend Umsetzungsaufgaben ist der größte Teil inzwischen abgearbeitet, bei den Qualitätsthemen und bei der Definition von Notfallstufen sind die Arbeiten jedoch bislang nicht abgeschlossen (siehe Abb. 1).

Hinzugetreten sind Umsetzungsaufgaben im Bereich des Psychiatrie-Entgeltsystems, die im Rahmen dieses Vortrags jedoch nicht betrachtet werden. Prägend für die Arbeit am Anfang dieser Legislaturperiode dürfte jedoch die Vereinbarung von Pflegepersonaluntergrenzen sein, die der Gesetzgeber noch kurz vor der Bundestagswahl auf den Weg gebracht hat.

2 Pflegepersonaluntergrenzen

2.1 Handlungsbedarf Pflege

Nach allgemeiner Einschätzung in der Gesundheitspolitik besteht Handlungsbedarf – nicht nur im Bereich der Altenpflege, sondern auch im Bereich der Krankenhauspflege. Offenbar haben einige Krankenhausträger die Zahl der Pflegekräfte soweit heruntergefahren, dass die Zahl patientengefährdender Situationen bedenklich zugenommen hat. Als erste Konsequenz hat die Große Koalition im Sommer 2017 die gemeinsame Selbstverwaltung beauftragt, verbindliche Pflegepersonaluntergrenzen mit Wirkung ab 01.01.2019 zu vereinbaren. Konkret wurde im Gesetz zur Modernisierung der epidemiologischen Überwachung übertragbarer Krankheiten ein § 137i im SGB V verankert, der

---

1 Der ursprüngliche Vortrag spiegelt die Diskussionslage bis Ende November 2017 wider. Diese schriftliche Fassung berücksichtigt die Entwicklung bis Ende Januar 2018. Der Koalitionsvertrag lag zu diesem Zeitpunkt noch nicht vor.

Nr.	Thema	Frist 2015	Frist 2016	Frist 2017	Frist 2018	erledigt
1	Zentrumsvereinbarung		31. Mrz			(✓)
2	Notfallstufenkonzept			31. Dez		
3	Notfallstufenvergütung				30. Jun	
4	Sicherstellungszuschlag		31. Dez			✓
5	Repräsentative Kalkulationsstichprobe		31. Dez			✓
6	Sachkostenvergütung		30. Jun			✓
7	Fixkostendegressionsabschlag		31. Jul			✓
8	Absenkung von Bewertungsrelationen		31. Mai			✓
9	Mehrkosten G–BA Richtlinien					✓
10	MDK–Qualitätsprüfungs–Richtlinie					
11	Expertenkommission Pflege			31. Dez		✓
12	Qualitätszu- und -abschläge – Leistungsbereiche			31. Dez		
13	Qualitätszu- und -abschläge – Vergütung				30. Jun	
14	Qualitätsverträge – Leistungsbereiche			31. Dez		✓
15	Qualitätsverträge – Rahmenvertrag				31. Jul	
16	Tarifrate					✓
17	Hochschulambulanzen – Patientenzugang		23. Jan			✓
18	Hochschulambulanzen – Vergütungskonzept		23. Jan			✓
19	Entlassmanagement	31. Dez				✓
20	Nichteinhaltung von Qualitätsanforderungen					
21	Mindestmengen					✓
22	Planungsrelevante Qualitätsindikatoren		31. Dez			✓
23	Obduktionsvereinbarung		31. Dez			✓

Stand: 14.03.2018

Abb. 1: Umsetzung des Krankenhausstrukturgesetzes (KHSG).
Quelle: GKV-Spitzenverband, eigene Darstellung

der Selbstverwaltung einen ambitionierten Vereinbarungsfahrplan vorschreibt – mit insgesamt sechs Einzelregelungen (siehe Abb. 2), die von GKV-Spitzenverband und Deutscher Krankenhausgesellschaft (DKG) zu schließen sind. Bei der Festsetzung der Grenzen sind zahlreiche Organisationen (DGB, ver.di, Arbeitgeber, Pflegerat, Patientenvertreter, medizinische Fachgesellschaften, Verbraucherzentrale) zu beteiligen. Der GKV-Spitzenverband und die DKG haben seit Inkrafttreten einen eng getakteten Verhandlungsmarathon begonnen, der erwartungsgemäß nicht konfliktfrei ist. Der bisherige Diskussionsverlauf ist dem Zwischenbericht von Ende Januar 2018 an das Bundesministerium für Gesundheit (BMG) zu entnehmen (vgl. GKV-Spitzenverband, DKG 2018).

Eines der Hauptprobleme ist der Mangel an Daten. Pflege ist eine empirische Wüste. Weder der Pflegebedarf auf den einzelnen Stationen noch die Pflegepersonalbesetzung ist bekannt. Eine der Herausforderungen ist es deshalb, eine Art nationale Datensammlung aufzubauen, ähnlich wie die Kalkulationsdaten des Instituts für das Entgeltsystem im Krankenhaus (InEK) und die Qualitätsdaten des Qualitätssicherungsinstituts (IQTIG). Eine öffentliche Ausschreibung für eine solche Datensammlung ist Anfang Februar 2018 erfolgt (vgl. GKV-Spitzenverband 2018).

Schon in der Vorbereitung der Gesetzgebung war der Datenmangel eines der großen Themen in der Pflege-Expertenkommission. Schließlich bekam das Hamburger Institut hche (Prof. Schreyögg) vom BMG den Auftrag, auf Basis bestehender Daten besonders problematische Bereiche zu identifizieren. Das

	Aufgabe	Frist	Konfliktlösung
1	Festsetzung von Pflegepersonaluntergrenzen in pflegesensitiven Bereichen	30.06.2018	Ersatzvornahme durch das BMG
2	Nachweisvereinbarung	30.06.2018	Automatische Schiedsstelle
3	Vergütungsabschläge bei Nichteinhaltung	30.06.2018	Automatische Schiedsstelle
4	Mehrkostenvereinbarung	–	Schiedsstelle auf Antrag
5	Vereinbarung zur Übermittlung und Nutzung von Daten nach § 21 KHEntgG	31.07.2018	–
6	Vereinbarung zur Überführung der Mittel des Pflegestellen-Förderprogramms in den Pflegezuschlag	31.10.2018	–

Abb. 2: Pflegepersonaluntergrenzen: Aufgaben und Fristen.
Quelle: GKV-Spitzenverband, eigene Darstellung

hche tat genau das Richtige: Es setzte international übliche Pflegequalitätsindikatoren ins Verhältnis zum Pflegeeinsatz. Jene Abteilungen, für die ein statistischer Zusammenhang zwischen Pflegekraftausstattung und Pflegequalität nachweisbar war, wurden als „pflegesensitiv" bezeichnet (vgl. Schreyögg, J., Milstein, R. 2016). Das Gesetz verlangte – quasi auf diese Vorarbeiten aufbauend – die Vereinbarung von Pflegepersonaluntergrenzen für solche „pflegesensitiven" Bereiche.

So richtig das Vorgehen auch war, so wenig überzeugend ist allerdings das Ergebnis. Die Datenbasis war letztlich nicht brauchbar. Die Qualitätsindikatoren sind stark durch die jeweiligen Kodieranreize im DRG-System überlagert. So haben einige Krankenhausmanager offenbar die Anweisung gegeben, Harnwegsinfektionen nicht zu kodieren, weil diese keine zusätzliche DRG-Vergütung bringen. Fatal für eine seriöse statistische Analyse. Bei der Zahl der Pflegekräfte war man auf die Angaben in den Qualitätsberichten angewiesen, von denen man weiß, dass sie erstens nur Jahresdurchschnitte angeben und dass sie zweitens durchaus als geschönt oder zumindest frei gestaltet gelten können. So hat z. B. der HELIOS-Konzern einfach für alle Abteilungen die gleiche Personalstärke angegeben, sodass diese Daten nicht berücksichtigt werden konnten.

Der Ansatz, mit Jahresdurchschnittswerten zu arbeiten, ist sowieso nicht geeignet, um das zu erreichen, was der Gesetzgeber will: Patientensicherheit. Patientensicherheit kann man nur erreichen, wenn man „schichtgenau" hinschaut. Dem Patienten, der ein Wochenende ohne ausreichendes Pflegepersonal im Krankenhaus verbringt, ist wenig mit dem Hinweis geholfen, Montag hätte man dafür doppelte Personalstärke. Natürlich kann es vorkommen, dass nicht ausreichend Pflegepersonal vor Ort ist, aber die Zahl solcher Vorfälle, in denen „die Latte gerissen" wird, darf nicht zu hoch sein.

2.2 Unterschiedlichen Pflegebedarf berücksichtigen

In den vorbereitenden Diskussionen der Pflege-Expertenkommission nahm der erhöhte Pflegebedarf bestimmter Patientengruppen erheblichen Raum ein. Eine Folge dieser Diskussion war die Einführung von Zusatzentgelten für Patienten, die in der Pflegeversicherung mit einem Pflegegrad von 3 bis 5 eingestuft sind. Es wäre grotesk, wenn man bei der Festlegung von Pflegepersonaluntergrenzen den unterschiedlichen Pflegebedarf nicht berücksichtigen würde. Es muss deshalb der systematisch höhere Bedarf von schwer pflegebedürftigen, dementen oder frisch operierten Patienten Teil der Berechnungsmethodik sein. Auch das muss in jeder Schicht geschehen. Der organisatorische Aufwand darf dabei kein Hinderungsgrund sein. Schließlich wird eine Operation auch nur dann durchgeführt, wenn ein Anästhesist zur Stelle ist. Genauso wenig dürfen Operationen durchgeführt werden, wenn nicht genügend Pflegepersonal auf der Aufwachstation zur Verfügung steht.

Die tägliche Einstufung aller Patienten nach Schweregraden, wie dies in der Pflegepersonalregelung (PPR) oder in der Leistungserfassung in der Pflege® (LEP®) geschieht, wäre mit erheblichem zusätzlichem Aufwand verbunden. Die Selbstverwaltungspartner lassen deshalb vom InEK die „Pflegelast" (gleichbedeutend mit dem relativen Pflegebedarf) aus den Kalkulationsdaten ermitteln. Es wird also in Abhängigkeit von den DRG, den Zusatzentgelten und weiteren Merkmalen eine Art tägliches Pflegebedarfsäquivalent berechnet. Dementsprechend würde dann die Pflegepersonaluntergrenze als ein Verhältnis von Pflegekräften zu Pflegeäquivalenzen definiert. Im Rahmen des internen und auch des externen Controllings ist dann zu überprüfen, wie häufig ein von der Selbstverwaltung vereinbarter Grenzwert überschritten wird (siehe Abb. 3).

2.3 Dienst- und Belegungspläne zusammenführen

Das Lamento vieler Krankenhausmanager, demzufolge die systematische schichtgenaue Gegenüberstellung von Pflegekräften und Pflegebedarf einen nicht zu rechtfertigenden Aufwand bedeuten würde, hat etwas Erschreckendes. Man darf doch eigentlich als Patient davon ausgehen, dass genau dies der Kern des Pflegemanagements ist. In der Diskussion mit Krankenhaus- und Pflegedienstleitern stellt sich allerdings heraus, dass diese Gegenüberstellung in deutschen Krankenhäusern nicht überall routinemäßig stattfindet. Offenbar ist das Pflegemanagement vielerorts ein blinder Fleck.

Ursächlich ist ein Digitalisierungsdefizit. Es gibt zwar eine relativ zuverlässige Belegungsstatistik, die zeigt, wann welcher Patient auf welcher Station gewesen ist, es gibt auch fast überall stationsgenau einen Personaleinsatzplan,

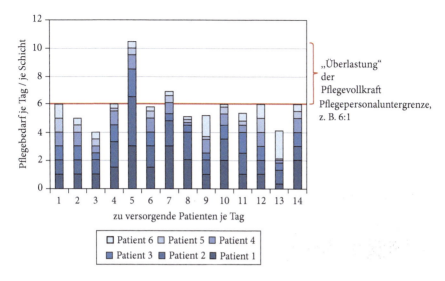

Abb. 3: Verhältnis von Pflegepersonal zu variierenden Pflegeäquivalenten (schematische Darstellung).
Quelle: GKV-Spitzenverband, eigene Darstellung

aber beide Softwarekomponenten werden nicht systematisch zusammengespielt (siehe Abb. 4). Wohlgemerkt: Es geht bei der schichtgenauen Abbildung nicht um einen zusätzlichen Erfassungsaufwand, es geht darum, Daten aussagekräftig zusammenzuspielen, die längst überall zusammengespielt sein sollten.

2.4 Gemischt belegte Stationen und andere Probleme

Wenn man mit Verstand Pflegepersonaluntergrenzen festlegen will, dann gilt es, einige weitere „technische" Probleme zu lösen. Die Auswertungen des hche haben den Blick auf Abteilungen gelenkt, aber die konkrete Personaleinsatzplanung im Krankenhaus erfolgt in der Regel nach Stationen – ergänzt um Poollösungen und nicht stationsgebundene Dienstleistungen. Inzwischen gibt es zahlreiche gemischt belegte Stationen, also mit Patienten aus unterschiedlichen Fachabteilungen. Somit machen Pflegepersonaluntergrenzen für Abteilungen wenig Sinn. In solchen Fällen müssen Grenzen abteilungsübergreifend für Stationen definiert werden. Der Ansatz, letztlich für alle Patienten Pflegebedarfsäquivalente zu definieren, dürfte die Lösung sein.

Erst in Ansätzen diskutiert ist auch die Frage der Pflegekraftqualifikation. Sollen die Pflegequoten für examinierte Pflegekräfte definiert werden oder für

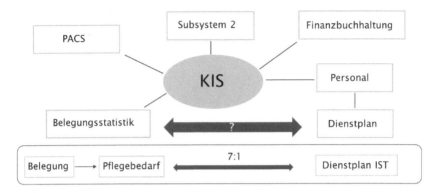

Abb. 4: Dienstpläne und Belegungsstatistik.
Quelle: GKV-Spitzenverband, eigene Darstellung

alle Pflegekräfte? Möglicherweise wird ein Qualifikationsmix vorzugeben sein, in dem man examiniertes zu nicht examiniertem Pflegepersonal quotiert.

Nicht trivial ist auch die gesetzliche Vorgabe, Personalverschiebungen zu verhindern. Dies erfordert, dass auch die Personalausstattung jenseits der pflegesensitiven Bereiche, also letztlich das ganze Haus, ins Blickfeld genommen wird. Derzeit wird unter den Selbstverwaltungspartnern diskutiert, ob ein solcher Ganzhausansatz sogar als Interimslösung greifen könnte, dann nämlich, wenn es in der Kürze der Zeit nicht gelingen sollte, repräsentative stationsbezogene Daten zu erheben. Denkbar ist, die Anzahl der Pflegevollkräfte dem Pflege-Casemix des Hauses gegenüberzustellen. Das garantiert nicht die „Pflegequalität Samstagnacht", aber es wäre ein erster Schritt, für einen Aufbau der Pflegekapazität in jenen Häusern zu sorgen, die patientengefährdend Personal abgebaut haben.

In Ermangelung überzeugender normativer Ansätze zur Bestimmung der Grenzen haben sich die Selbstverwaltungspartner auf einen Perzentilansatz geeinigt. Es wird eine Grenze gezogen (beispielsweise 20 Prozent) und alle Häuser unterhalb dieser Grenze sind aufgefordert, zusätzliches Personal einzustellen bzw. ihre Belegung entsprechend anzupassen. Über die Frage, in welcher Höhe eine solche Perzentilgrenze festgesetzt werden soll, hat noch keine Diskussion stattgefunden. Klar ist aber, dass man eine ordentliche Datenbasis braucht, um das Perzentil festlegen zu können.

Dics alles deutet darauf hin, dass Pflegequalität eine neue, dritte Dimension der Krankenhausregulierung darstellt. Die wesentliche erste Dimension war die leistungsbezogene Vergütung mit DRG-Fallpauschalen. Das InEK entwickelt diese im Auftrag der Selbstverwaltungspartner jährlich fort. Es wurde jedoch schnell deutlich, dass ergänzend eine zweite Dimension, die Behandlungs-qualität, hinzutreten musste – ein eigener Regulierungskreis beim IQTIG und Gemeinsamen Bundesausschuss (G-BA). Als dritte eigenständige Dimension tritt nun die Pflegequalität hinzu. Sie wird wahrscheinlich einen eigenständigen Datenfluss nach sich ziehen. Für die Krankenhausleitung gilt auf alle Fälle: Pflege muss – anders als bisher – im Fokus des Krankenhausmanagements stehen (vgl. Leber, W.-D. 2018).

3 Notfallversorgung

3.1 Notfall Notfallversorgung

Die Umsetzung der Notfallstufen, wie sie das KHSG vorsieht, ist ein zentraler, aber nur ein erster Schritt zur Neuordnung der gesamten Notfallversorgung in Deutschland. Diese ist in drei Bereiche gegliedert, die jeweils eigenständig organisiert sind und eigenen gesetzlichen Regelungen unterliegen: der ärztliche Bereitschaftsdienst der Kassenärztlichen Vereinigung (KV), der Rettungsdienst und die Notfallambulanzen der Krankenhäuser. Die Versorgungssituation im ärztlichen Bereitschaftsdienst ist für Patienten unübersichtlich, sodass Patienten zunehmend direkt die Notfallambulanzen der Krankenhäuser aufsuchen, obwohl sie auch im KV-Bereitschaftsdienst versorgt werden könnten. Das führt zu überlasteten Notfallambulanzen mit längeren Wartezeiten für schwerkranke Patienten. Zudem besteht aktuell keine Verknüpfung zwischen den Leitstellen des Rettungsdienstes und den Leitstellen des KV-Bereitschaftsdienstes. Auch die Kommunikation zwischen Rettungsdienst und Krankenhaus muss verbessert werden.

Der Sachverständigenrat Gesundheit (SVR) hatte 2014 in seinem Gutachten deutlich gemacht, dass eine Zusammenführung aller drei Bereiche die Notfall-versorgung verbessern würde und die Inanspruchnahme einer zu hohen Versorgungsebene durch den Patienten vermeiden könne. Er spricht sich weiterhin dafür aus, interdisziplinäre Notaufnahmen mit integrierter Notdienstpraxis zu etablieren (vgl. SVR Gesundheit 2014, Kapitel 7.6).

Inzwischen haben auch zahlreiche andere Institutionen Konzepte zur Neu-ordnung der Notfallversorgung veröffentlicht. Der GKV-Spitzenverband sieht in drei Bereichen Handlungsbedarf (vgl. GKV-Spitzenverband 2017):

1. Krankenhaus: Notfallstufen, Konzentration, zentrale Notfallaufnahmen
2. Ambulant-stationär: KV-Notdienstpraxen an Krankenhäusern, gemeinsame Triage
3. Rettungsdienst: Digitalisierung, Leitstellen

3.2 Stationäres Notfallstufenkonzept als Basis einer Neuordnung

Die stationären (Not-)Fälle werden in Deutschland derzeit nahezu ausschließlich über DRGs finanziert. Krankenhäuser mit vielen (Not-)Fällen erlösen viel. Krankenhäuser, die trotz vorgehaltener Strukturen insbesondere in Nebenzeiten relativ wenige Patientenkontakte haben, generieren keine ausreichenden Erlöse zur Finanzierung der Strukturen. Krankenhäuser ohne Notfallvorhaltungen haben in diesem Finanzierungssystem einen ungerechtfertigten Vorteil und sind besser ausgelastet. Um diesen ungerechtfertigten Vorteil auszugleichen, wird in der stationären Notfallversorgung aktuell leider nur unzureichend zwischen einer definierten Teilnahme und einer Nichtteilnahme an der Notfallversorgung unterschieden. Mit Krankenhäusern, die nicht an der Notfallversorgung teilnehmen, ist ein Abschlag in Höhe von 50 Euro je vollstationären Fall zu vereinbaren. Die Umsetzung dieser Regelung wird in den Ländern jedoch sehr unterschiedlich gelebt. Während in Hessen eine sehr konsequente Umsetzung erfolgt, wird in anderen Ländern kein einziger Abschlag vereinbart. Der dringend notwendige Ausgleich der Vorhaltekosten erfolgt nicht. Im Jahr 2014 hatten deutschlandweit 143 Krankenhausstandorte einen Abschlag für die Nichtteilnahme an der Notfallversorgung vereinbart.

Mit dem KHSG hat der Gesetzgeber den G-BA beauftragt, ein gestuftes System von Notfallstrukturen zu entwickeln, welches Mindestvoraussetzungen für eine Teilnahme an der Notfallversorgung festlegt. Krankenhäuser, die an der stationären Notfallversorgung teilnehmen, sollen in Abhängigkeit von den vorgehaltenen Notfallstrukturen Zuschläge erhalten. Für nicht an der Notfallversorgung teilnehmende Krankenhäuser ist ein Abschlag vorzusehen. Erste Auswertungen zeigten die Brisanz der Neuregelung und veranlassten die Politik, den Auftrag um ein Jahr und damit nach der nächsten Bundestagswahl zu verschieben.

Mit der Einführung eines gestuften Systems der Notfallstrukturen werden für die Teilnahme von Krankenhäusern an der Notfallversorgung erstmals Mindeststandards festgelegt. Art und Anzahl der vorzuhaltenden Fachabteilungen, Anzahl und Qualifikation des Fachpersonals, Kapazitäten zur Versorgung von Intensivpatienten, medizinisch-technische Ausstattung sowie Strukturen und Prozesse der Notaufnahme werden in dem nun zu beschließenden System definiert. Auf dieser Basis werden die Selbstverwaltungspartner zukünftig Zu- und Abschläge für die Teilnahme bzw. Nichtteilnahme an der Notfallversorgung vereinbaren. Krankenhäuser, die rund um die Uhr für die Notfallpatienten da sind und kostenintensive Notfallstrukturen, wie hoch qualifiziertes Personal und medizinische Großgeräte, vorhalten, erhalten dafür künftig Zuschläge, Häuser ohne diese Vorhaltungen Abschläge.

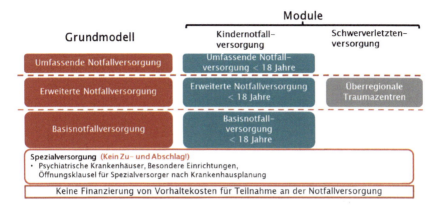

Abb. 5: Notfallstufen (PsychVVG-Anpassung vom 10.11.2016).
Quelle: GKV-Spitzenverband, eigene Darstellung

Die Entscheidung im G-BA ist bis dato nicht gefallen. Folgt man dem Konzept des GKV-Spitzenverbandes, dann soll es drei zuschlagsfähige Notfallstufen (siehe Abb. 5), eine Stufe ohne Zu- und Abschläge und eine Stufe der Nichtteilnahme geben. Je mehr notfallrelevante Fachabteilungen ein Krankenhaus am Standort rund um die Uhr vorhält, umso höher ist auch der finanzielle Aufwand der Vorhaltung, der durch die Einsortierung in die Notfallstufen abgebildet wird. Während ein Basisnotfallversorger die Fachabteilungen Innere Medizin, Chirurgie und Anästhesiologie vorhält, zeichnen sich die Notfallversorger der erweiterten und der umfassenden Stufe dadurch aus, dass sie darüber hinaus weitere, nach Notfallrelevanz abgestufte Fachabteilungen vorhalten. Ein Basisnotfallversorger muss in der Lage sein, schwerwiegende Erkrankungen und Verletzungen zu erkennen, um die Patienten bei Bedarf zielgerichtet zu einem Spezialversorger weiterverlegen zu können. Daher gehört die computertomografische Bildgebung zur Ausstattung eines Basisversorgers. In den höheren Stufen muss die medizintechnische und personelle Ausstattung für die Versorgung von Patienten mit notfallmedizinisch besonders relevanten Krankheitsbildern, den sogenannten Tracerdiagnosen, geeignet sein. Hierzu zählen die Diagnosen Schädel-Hirn-Trauma, Schlaganfall, Polytrauma, ST-Hebungsinfarkt, plötzlicher Kreislaufstillstand und Sepsis. Zudem steigen je Stufe die Anzahl der vorzuhaltenden Intensivbetten und die Anforderungen an die Zuverlegungsmöglichkeiten von Patienten auf dem Luftwege. Ab der erweiterten Notfallstufe ist eine Aufnahmestation zur Abklärung des weiteren Behandlungsweges mit mindestens sechs Betten vorzuhalten.

Da an die Notfallversorgung von Kindern andere Strukturanforderungen zu stellen sind, wird das dreistufige Zuschlagsmodell durch ein ebenfalls dreistufiges Modul „Kindernotfallversorgung" ergänzt. Weiterhin trägt das Modul „Schwerverletztenversorgung" der Tatsache Rechnung, dass es sich bei den überregionalen Traumazentren um Spezialversorger mit einem kleinen, aber hoch spezialisierten Fachabteilungsangebot handelt. Diese Spezialversorger werden unabhängig von der Breite ihres Fachabteilungsspektrums der Stufe der erweiterten Notfallversorgung zugeordnet. Darüber hinaus gibt es Einrichtungen, die unbestreitbar eine wichtige Rolle in der Notfallversorgung spielen, deren Vorhaltekosten aber bereits zielgerichtet über andere Finanzierungsinstrumente vergütet werden. Hier ist insbesondere die Einpreisung der Vorhaltekosten in Budgets bei Einrichtungen, die nicht über das DRG-System finanziert werden (z. B. Besondere Einrichtungen, psychiatrische Fachkliniken), zu erwähnen. Diese Einrichtungen werden vom Abschlag befreit, erhalten allerdings auch keine Zuschläge.

Relativ viel Energie wurde im Vorfeld der G-BA-Beschlussfassung für eine Folgenabschätzung verwendet. Der GKV-Spitzenverband geht davon aus, dass der tatsächliche Stand der Teilnahme an der Notfallversorgung derzeit bei ca. 70 Prozent zu verorten ist. Die Kriterien seines Regelungsentwurfs sind darauf entsprechend abgestimmt. Im Umkehrschluss würden demnach ca. 30 Prozent der Krankenhausstandorte potenziell Abschläge zahlen müssen, da die gezahlten DRG-Fallpauschalen ohne Notfallvorhaltungen zu hoch bemessen sind. Diese Mittel würden zukünftig den Teilnehmern der Notfallversorgung zufließen, die entsprechende Aufwände betreiben. Taxiert man den Abschlag zum Zwecke einer Modellrechnung auf die derzeitige Höhe von 50 Euro je vollstationären Fall, so beliefe sich das Umverteilungsvolumen auf ca. 250 Mio. Euro. Wie das Zuschlagsvolumen sich auf die drei Notfallstufen verteilt, darüber ist noch zu entscheiden. Die „Kompression" der Kosten der Notfallvorhaltung würde in jedem Falle deutlich korrigiert.

3.3 Notfallversorgung professionalisieren und konzentrieren

Die Notfallversorgung hat in den vergangenen Jahren in vielen europäischen Ländern verschiedene Reformen durchlaufen. Einige Länder haben dabei spezialisierte Strukturen für die Notfallversorgung von hochkomplexen Fällen eingeführt und eine Zentralisierung der Notfallversorgung an weniger Standorten bei gleichzeitigem Ausbau des ambulanten Angebots vorangetrieben mit dem Ziel, Versorgungsqualität und Effizienz zu erhöhen (vgl. Geissler, A. et al. 2017).

Die Sterberate im Krankenhaus beim akuten Herzinfarkt lag in Deutschland 2011 deutlich über dem EU-Durchschnitt, die Behandlungserfolge waren also geringer als in nahezu allen anderen EU-Ländern. Auf der Suche nach Gründen fällt ein entscheidender Unterschied in der Versorgungsstruktur auf: In Deutschland werden in 1.400 von 1.700 Akutkrankenhäusern Herzinfarktpatienten behandelt. 800 dieser Krankenhäuser behandeln im Durchschnitt weniger als einen Fall pro Woche und haben eine deutlich höhere Patientensterblichkeit als Krankenhäuser mit größeren Fallzahlen (vgl. Leopoldina 2016).

Während in Berlin 36 Krankenhäuser Herzinfarktpatienten aufnehmen, sind es in Wien tagsüber sechs und nachts sogar nur zwei Krankenhäuser. Auch in der Personalorganisation und Ausstattung der Krankenhäuser gibt es deutliche Unterschiede: Während die Kliniken in Wien ihre Personalbesetzung im Schichtdienst sicherstellen, sind in Deutschland 24-Stunden-Dienste üblich und einige Akutkrankenhäuser verfügen nicht einmal über eine Intensivstation oder die Möglichkeit einer computertomografischen Bildgebung.

Aus den oben skizzierten Gründen sollte die Behandlung von Patienten mit schwerwiegenden lebensbedrohlichen Erkrankungen zukünftig auf wenige spezialisierte Notfallkrankenhäuser konzentriert werden. Durch die Konzentration dieser hoch spezialisierten Notfallversorgung sollen Ressourcen und Expertise gebündelt werden, sodass die Patienten von erfahrenem Personal behandelt werden und die Überlebenschancen steigen. Die spezialisierten Krankenhäuser zeichnen sich dadurch aus, dass sie bestimmte Notfälle regelmäßig versorgen, erfahrenes Fachpersonal vorhalten und zeitnah eine geeignete Diagnostik und Therapie einleiten können. Die Einbindung der Rettungsdienste spielt dabei eine wichtige Rolle, um Patienten mit den (Verdachts-)Diagnosen Herzinfarkt, Schlaganfall, Schädel-Hirn-Trauma oder Polytrauma direkt in ein spezialisiertes Krankenhaus zu fahren. Erfahrungen aus Ländern wie England, Dänemark und den Niederlanden zeigen, dass trotz längerer Transportwege der Prozess von der Rettung bis zur spezialisierten Behandlung verkürzt wird und die Zentralisierung von Ressourcen zu Qualitätsverbesserungen führen kann.

3.4 Zentrale Notaufnahmen etablieren

Die Zentrale Notaufnahme (ZNA) ist eine unverzichtbare Komponente der modernen Notfallmedizin. Es ist daher eine wesentliche Forderung des GKV-Spitzenverbandes, die ZNA im Notfallstufensystem des G-BA zu verankern. Die

Notfallversorgung aller Notfallpatienten sollte in einer ZNA stattfinden. Es ist nicht sinnvoll, dem Patienten im Notfall die Suche nach der richtigen Abteilung zuzumuten. Ausnahmen sind nur bei offensichtlich klarer Zuständigkeit im Krankenhaus möglich (z. B. für Schwangere und Kinder).

Zwar gibt es einen deutlichen Trend hin zur ZNA, allerdings ist die Umsetzung in Deutschland noch längst nicht an jedem Notfallkrankenhaus erfolgt. Analysen des Deutschen Krankenhausinstituts (DKI) aus dem Jahr 2010 zeigen, dass 72 Prozent der Krankenhäuser die Notaufnahme bereits zentral organisieren, wobei die Leitungsstrukturen und die personelle Organisation sehr unterschiedlich ausgestaltet sind (Blum, K. et al. 2010).

Bei vielen Erkrankungen ist nicht sofort ersichtlich, wer der geeignete Behandler ist. Daher sollte der Patient in einer zentralen Anlaufstelle von interdisziplinär ausgebildetem Personal angesehen, ggf. erstversorgt und der geeigneten Fachdisziplin zur Weiterbehandlung zugeleitet werden. Alle Patienten sollten in der ZNA eine Ersteinschätzung erhalten, um eine nach Behandlungspriorität geordnete Reihenfolge der Patientenbehandlung zu gewährleisten.

3.5 Gemeinsame Triage durch KV-Notdienstpraxen und Krankenhausambulanz

Mit dem GKV-Versorgungsstärkungsgesetz (GKV-VSG) wurden die Rahmenbedingungen der ambulanten Notfallversorgung weiterentwickelt. Der Sicherstellungsauftrag für den vertragsärztlichen Notdienst bleibt wie bisher bei den KVen, allerdings werden diese zur Kooperation mit Krankenhäusern verpflichtet. Damit wird die bisherige Sollregelung in eine Kooperationsverpflichtung umgewandelt. Ziel der Regelung ist es, Kooperationen der KVen mit zugelassenen Krankenhäusern, wie z. B. die Einrichtung von Notfallpraxen in den Räumen der Krankenhäuser, zu stärken.

Bei einem Nebeneinander von Krankenhausambulanz und KV-Notdienstpraxis stellt sich die Frage der primären Patientensteuerung. Soll der Patient zunächst die KV-Notdienstpraxis aufsuchen, um dann bei gravierender Fallschwere zur Abklärung in die Notfallambulanz weitergeleitet zu werden? Oder soll der Patient zunächst die Notfallambulanz aufsuchen, um dann bei eher unproblematischer Fallschwere an die KV-Notdienstpraxis verwiesen zu werden? In der Diskussion setzt sich für dieses Problem zunehmend das Modell eines von Krankenhaus und KV gemeinsam betriebenen Tresens durch. Der Ersteinschätzungsprozess ist also gemeinsam durch die KV und das Krankenhaus zu organisieren. Es muss am gemeinsamen Tresen zunächst eine Ersteinschätzung erfolgen, um zu entscheiden, wie schnell der Patienten einen Arzt

DRINGLICHKEITSSTUFEN IM MTS				
Ziffer	Name	Farbe	Max. Zeit	Kontrolleinschätzung spätestens nach
1	Sofort	Rot	0 Minuten	
2	Sehr dringend	Orange	10 Minuten	10 Minuten
3	Dringend	Gelb	30 Minuten	30 Minuten
4	Normal	Grün	90 Minuten	90 Minuten
5	Nicht dringend	Blau	120 Minuten	120 Minuten

Dringlichkeitsstufen im MTS mit Zeitwerten (angelehnt an das Deutsche Netzwerk Ersteinschätzung)

Abb. 6: Das Manchester-Triage-System.
Quelle: Das Manchester-Triage-System. Standards für die Ersteinschätzung in der Notaufnahme (vgl. das Krankenhaus 2016, S. 980)

sehen muss. Standard für diese Einschätzung, die in der Regel durch geschultes nichtärztliches Personal erfolgt, ist die sogenannte Manchester-Triage (siehe Abb. 6).

Hierbei erfolgt eine Zuweisung in die KV-Notfallpraxen oder die Krankenhaus-Notfallambulanz. Wenn es sich um einen ambulanten, im kassenärztlichen Bereich behandelbaren Fall handelt, wird der Patient an die KV-Notdienstpraxis am Krankenhaus weitergeleitet. Die Notaufnahmen der Krankenhäuser werden so von leichteren Notfällen entlastet. Es wird einerseits die Patientenpräferenz berücksichtigt, einen kompetenten Versorger an zentraler Stelle im Notfall aufzusuchen. Andererseits wird die Akzeptanz erhöht, in einer ambulanten Praxis behandelt zu werden, da die Nähe zum Krankenhaus im Bedarfsfall eine sofortige Weiterbehandlung in einer höheren Versorgungsebene gewährleistet. Sollte bei einem Patienten eine fachärztliche Behandlung zwar notwendig, aber nicht zeitkritisch sein, kann die KV-Notdienstpraxis über die Terminservicestellen einen Facharzttermin innerhalb der regulären Sprechstundenzeiten vermitteln. Besteht der Verdacht auf eine schwerwiegendere Erkrankung und die Notwendigkeit, eine stationäre Aufnahme abzuklären, verbleibt der Patient zur weiteren Diagnostik in der Notfallambulanz.

Durch den untersuchenden Arzt folgt letztlich die Steuerung in die verschiedenen Versorgungsebenen (beispielsweise stationäre Aufnahme oder

Überweisung an einen niedergelassenen Facharzt). Für diesen Vorgang fehlt bisher ein allgemein akzeptierter Begriff. Häufig wird von Disposition gesprochen.

3.6 Rettungsdienst digitalisieren

Das nächstgelegene Krankenhaus ist nicht immer das geeignete Krankenhaus, um einen schwer erkrankten Patienten zu versorgen. Entscheidend ist, dass die notwendigen Diagnose- und Behandlungsmöglichkeiten zur Verfügung stehen. Um zu gewährleisten, dass der Patient genau in jenes Krankenhaus transportiert wird, in dem sein Fall zum aktuellen Zeitpunkt am besten behandelt werden kann, soll die Transparenz über verfügbare Behandlungskapazitäten für den Rettungsdienst verbessert werden. Moderne Kommunikationstechnologien ermöglichen einen Informationsaustausch in Echtzeit zwischen Krankenhäusern und Rettungsdiensten über die aktuellen Behandlungs- und Versorgungsmöglichkeiten in den Krankenhäusern. Beispielgebend ist das webbasierte, in Hessen eingeführte System IVENA. Für den Rettungsdienst (und auch jeden Internetnutzer) ist sichtbar, welche Krankenhäuser aktuell zur Aufnahme von Notfällen zur Verfügung stehen. Die hohe Transparenz über Versorgungskapazitäten ermöglicht es, bei besonders schwerwiegenden Notfällen (Verbrennungen, Polytrauma, Herzinfarkt, Schlaganfall) direkt spezialisierte Häuser anzusteuern.

Für eine bessere Steuerung der Inanspruchnahme der Notfallversorgung ist künftig eine enge Kooperation zwischen den Leitstellen des KV-Notdienstes und den Rettungsleitstellen erforderlich. Da die Nummer des KV-Notdienstes (116 117) vielen Patienten nicht bekannt ist, wird die Notrufnummer des Rettungsdienstes auch von Patienten genutzt, die ambulant behandelt werden könnten. Derzeit besteht keine regelhafte Kooperation zwischen beiden Leitstellen und es erfolgt keine Übergabe des Patientenfalles an den KV-Notdienst.

Die mit dem GKV-VSG vorgesehene Kooperation für Rettungsleitstellen und KV-Notdienst (§ 75 Abs. 1b S. 6 SGB V) sowie die vorgesehenen Empfehlungen der gemeinsamen Landesgremien zu einer sektorenübergreifenden Notfallversorgung (§ 90a Abs. 1 S. 2 SGB V) scheitern an der praktischen Umsetzung, da Haftungsfragen bei einer Übergabe des Patientenfalles von der Rettungsleitstelle an den KV-Notdienst nicht geklärt sind.

Dringend notwendig ist mehr Transparenz im Rettungswesen. Über die Notfallversorgung der geschätzt über 21 Mio. Notfallpatienten pro Jahr existieren keine bundesweiten Daten. Außer stichprobenhaften Datenerhebungen im Rahmen von einzelnen Umfragen oder Studien sind keine regelmäßigen und einrichtungsübergreifenden Datenerhebungen in der klinischen Notfallmedizin vorhanden. Für eine geeignete Weiterentwicklung der Notfallstrukturen und der Vergütung von Notfallleistungen sowie für eine Verbesserung der medizinischen Versorgung durch Qualitätssicherungsmaßnahmen wäre mehr Transparenz über das Geschehen in den Notaufnahmen dringend geboten. In den Notaufnahmen gibt es die unterschiedlichsten Vorgehensweisen bei der Dokumentation, was die Zusammenführung und Auswertung der Daten erschwert. Ein nationaler Dokumentationsstandard für Notaufnahmen würde eine wichtige Grundlage für Qualitätssicherung und strukturelle Weiterentwicklungen in der Notfallversorgung bilden.

4 Algorithmische Krankenhausplanung

4.1 KHG 1972 – Paternalistische Krankenhausplanung

Der Handlungsbedarf für die Krankenhauspolitik in der neuen Legislaturperiode geht weit über einige Korrekturen im Bereich Pflege und Notfallversorgung hinaus. Er betrifft den Kern der landesbezogenen Krankenhausplanung (vgl. Leber, W.-D., Scheller-Kreinsen, D. 2018). Das tradierte Krankenhausfinanzierungsrecht von 1972 ist weitestgehend paternalistisch geprägt: Ein gütiger Landesvater baut Krankenhäuser, wo auch immer die Landeskinder stationäre Hilfe benötigen. Er achtet dabei auf Trägervielfalt, sodass konfessionell gebundene Patienten ein Haus ihres Vertrauens finden und Patienten ohne konfessionelle Bindung ebenfalls. Die laufenden Kosten des Krankenhauses übernimmt die Krankenkasse. Kommt es zu qualitativen Mängeln, z. B. im Hygienebereich, dann schreitet der Landesvater ein.

An diesem Bild stimmt vieles nicht mehr. Vom Bau und von der Erhaltung der Krankenhäuser durch die Länder kann kaum noch die Rede sein. Wir beobachten eine ungebremste Erosion der dualen Finanzierung. So ist der Finanzierungsanteil der Krankenhausausgaben durch die Bundesländer seit der Einführung im Krankenhausfinanzierungsgesetz (KHG) 1972 von über 20 Prozent auf ca. vier Prozent in 2015 geschrumpft. Setzt sich der Rückgang des Finanzierungsanteils der Bundesländer linear fort, wird die duale Finanzierung Mitte des nächsten Jahrzehnts die Nulllinie erreichen (vgl. Leber, W.-D. 2017/1). Durch die mangelnde Investitionstätigkeit der Länder geht einerseits die Legimation des klassischen Modells verloren, denn die Landesregierungen können gegenwärtig landesspezifischen, gesundheitspolitischen und arbeitsmarktpolitischen Nutzen stiften, ohne die Kosten zu beachten, da diese größtenteils von bundesweit agierenden Krankenkassen „vergemeinschaftet" werden.

Andererseits hat die tradierte Krankenhausstandortplanung zu erheblichen Überkapazitäten, insbesondere in Ballungszentren, geführt. Anschaulich wird

Dänemark   Niedersachsen

5,6 Mio. Einwohner   7,8 Mio. Einwohner
Fläche: 43.000 Quadratkilometer   Fläche: 47.600 Quadratkilometer

Abb. 7: Strukturbereinigung einleiten.
Quelle: GKV-Spitzenverband, eigene Darstellung

dies nicht nur durch den inzwischen allseits bekannten Vergleich von Nord-
rhein-Westfalen und den Niederlanden. Ähnlich drastische Überkapazitäten
zeigen sich auch beim Vergleich von Niedersachsen und Dänemark (siehe Abb.
7). Bei der Zahl der Betten je 100.000 Einwohner liegt Deutschland 58 Prozent
über dem EU-Durchschnitt (vgl. Busse, R. et al. 2016). Auch die Analyse von
stationären Leistungsmengen kommt zu ähnlichen Ergebnissen: Im internationalen Vergleich weist nur Österreich eine höhere Fallzahl pro 100 Einwohner auf
(vgl. Schreyögg, J., Busse, R. 2014).

Neben der traditionellen Landesplanung entsteht inzwischen eine bundesweite Marktregulierung für die stationäre Versorgung: Über die Trägervielfalt
entscheidet das Bundeskartellamt, der G-BA ist zusammen mit dem IQTIG die
dominierende Instanz für Fragen der Qualitätssicherung. Durch Strukturvorgaben zur Sicherstellung werden mittlerweile wesentliche Vorgaben zur Krankenhausplanung beschlossen, die traditionell in die Länderkompetenz fallen.
Diese Strukturvorgaben sind zum Teil qualitätsorientiert, zum anderen berüh-
ren sie auch Kapazitätsfragen. Insgesamt entsteht neben der klassischen Planung
ein Regelwerk, das die klassische Kompetenz der Krankenhausplanung durch
Landesbehörden substituiert oder zumindest infrage stellt. Die bundesweiten
Vorgaben haben den Charakter „algorithmischer" Planung: Sie formulieren ver-
sichertenorientierte Regeln für die auf dem Markt stationär tätigen Krankenhausträger.

4.2 Marktregulierung

Das Problem bei der gesetzlichen Ausgestaltung der Krankenhausregulierung besteht darin, dass sich die Mehrzahl der Bürger die Krankenhausplanung wie die Schulplanung vorstellt, also wie einen Ordnungsbereich, bei dem das Land autonom entscheidet, an welcher Stelle Schulen gebaut oder auch geschlossen werden. Die staatlichen Behörden sind im Schulbereich quasi vollständig Herr des Verfahrens. Im Krankenhausbereich ist das mitnichten so. Hier entscheiden – weitgehend autonom – die Krankenhausträger über das Versorgungsgeschehen. Ihre Aktivität ist eigentumsrechtlich und wirtschaftsrechtlich geschützt. Die Zahl der gescheiterten Versuche, seitens der Landesplanung ein Krankenhaus zu schließen, ist Legion. Die Tatsache, dass die Betten in den Krankenhäusern belegt waren, galt den Verwaltungsgerichten als Beleg dafür, dass sie zu Recht im Krankenhausplan stehen.

Man muss die Krankenhausversorgung in Deutschland als einen durch Lizenzen mäßig begrenzten Markt sehen, auf dem weitestgehend autonom entscheidende Marktteilnehmer (die Krankenhausträger) agieren. Letztlich sind der Landesplanung dadurch enge Grenzen gesetzt. Die Tätigkeit der Krankenhäuser wird inzwischen durch eine Vielzahl von „Regulierungsinstanzen" geordnet. Die entscheidende Preissteuerung erfolgt als Landesbasisfallwertverhandlung auf Landesebene, die Relativgewichte werden durch das InEK kalkuliert, Qualitätsindikatoren werden auf Bundesebene durch ein Qualitätsinstitut vorbereitet und durch den G-BA beschlossen, Methodenfragen werden durch das Institut für Qualität und Wirtschaftlichkeit im Gesundheitswesen (IQWiG) bearbeitet und ebenfalls durch den G-BA umgesetzt. Das traditionelle Selbstverwaltungssystem, bei dem Leistungserbringer und Krankenkassen zusammen das Geschehen im Gesundheitswesen steuern, hat sich zu einem System gewandelt, bei dem „intermediäre Instanzen" die wesentliche Steuerung übernehmen – irgendwie noch Selbstverwaltung, aber doch zunehmend öffentlich-rechtlich.

Die dominierende Institution unter diesen intermediären Instanzen ist der G-BA. Mindestmengen und Strukturrichtlinien sind die prominentesten Beispiele. Seit dem KHSG geht die Kompetenz darüber hinaus: Die bislang landesplanerische Entscheidung über die Notwendigkeit eines Krankenhauses wird durch ein bundesweit gültiges Regelwerk ersetzt. Die Umsetzung passiert vorrangig im G-BA – quasi eine Regulierungsbehörde in gemeinsamer Selbstverwaltung. Damit dies nicht mit der Landeskompetenz in Konflikt gerät, wird den Ländern in allen diesbezüglichen Paragrafen eine Ausstiegsoption angeboten. Auf diese Weise war es rechtstechnisch möglich, das KHSG-Gesetzgebungsverfahren zustimmungsfrei durchzuführen.

4.3 Marktregulierung in Abgrenzung zu anderen Steuerungsmodellen

Die Steuerung der Krankenhausversorgung ist ein Klassiker in der ordnungs-
politischen Debatte des Gesundheitswesens und füllt meterweise Bibliotheks-
regale. Deutschland kombiniert eine funktionsuntüchtige staatliche Planung
mit autonom agierenden Krankenhausträgern. Da das Ergebnis als nicht überzeugend empfunden wird, gibt es seit Langem Reformvorschläge. Vier wichtige
seien im Folgenden genannt.

Reformvorschlag 1 ist die verstärkte Beteiligung der Krankenkassen bei der
Krankenhausplanung. Da im paternalistischen Modell Landesbehörden auf Kosten von Krankenkassen planen, gibt es seit dem KHG 1972 den Ruf nach stärkerer Beteiligung der Krankenkassen an den Planungsprozessen. Diese beschränkt
sich bislang auf eine unbedeutende Mitwirkung in den Landesplanungsaus-
schüssen. Der Ruf nach verstärkter Kassenmitsprache ist in den letzten 40 Jahren
ohne jeden Erfolg geblieben. Es gibt keinen einzigen gesetzgeberischen Vorgang,
der maßgeblich dem Einfluss der Kostenträger mehr Gewicht verschafft hätte.
Ein Grund dafür, dass auch für die nähere Zukunft keine Änderung zu erwarten
ist, mag darin liegen, dass die Kassen durch die seit 1996 eingeführte allgemeine
Wahlfreiheit der Versicherten zunehmend als konkurrierende Unternehmen
agieren und somit nicht mehr als zuverlässige Vertreter des „Allgemeinwohls"
gelten.

Reformvorschlag 2 firmiert unter dem Begriff „Rahmenplanung" und geht
davon aus, dass die Landesplanung lediglich einen Rahmen vorgibt, der von den
Verhandlungspartnern vor Ort (Krankenkassen und Krankenhausträgern) aus-
gefüllt wird (vgl. Deutscher Bundestag 1990). Das Konzept ist de facto weitgehend unbestimmt geblieben, weil nicht klar geregelt wurde, was denn nun die
Zuständigkeit der staatlichen Planungsbehörden ist (Standorte? Abteilungen?)
und was in die Regelungskompetenz der Verhandlungspartner vor Ort fällt
(Leistungsspektrum? Leistungsmengen?). Letztlich handelt es sich auch um ein
Modell, bei dem der Einfluss der Kassen gestärkt wird – nicht auf der Ebene
landesplanerischer Entscheidungen, sondern auf der Ebene krankenhausspezi-
fischer Verhandlungen.

Reformvorschlag 3 ist das „romantische" Gegenmodell zu allen überörtlichen
Steuerungsmodellen und sieht eine kommunale Steuerung vor. Dieses Modell
hat wegen seiner basisdemokratischen, partizipativen Komponente eine starke
Anziehungskraft. Die Idee aber, die Krankenhausplanung in der Kommune zu
verorten, dürfte jedoch wenig zukunftsweisend sein. Erstens würden – noch stärker als bei der derzeitigen Landesplanung – kommunale Entscheidungsträger

auf Kosten bundesweiter Finanzierungsinstitutionen Überkapazitäten planen oder perpetuieren. Zweitens ignoriert das Modell der kommunalen Steuerung die in vielen medizinischen Bereichen sinnvolle Konzentration auf überregionale Zentren. Drittens wird die Rückverweisung auf die untere Ebene der zunehmenden Komplexität moderner Medizin und deren Vergütung kaum gerecht. Es ist einfach unvorstellbar, dass beispielsweise die Frage der Berücksichtigung neuer Untersuchungs- und Behandlungsmethoden im DRG-System auf adäquatem Niveau in Hunderten von Ortsräten diskutiert werden könnte.

Reformvorschlag 4, das „selektive Kontrahieren", will staatliche Planung eingrenzen und partiell durch selektive Vertragshoheit von Kassen und Krankenhausträgern ersetzen. Der Vorschlag existiert seit zehn Jahren unter dem Titel „Elektiv wird selektiv" (vgl. Leber, W.-D. et al. 2007). Das Modell sieht vor, elektive Leistungen (also alles jenseits der Notfallversorgung) bilateral zwischen Krankenkassen und Krankenhausträgern zu verhandeln. Da dem Modell offensichtlich die gleichen Vorbehalte gegen die verstärkte „Kassenmacht" begegnen, ist es bislang ohne gesundheitspolitischen Nachhall geblieben.

Das Modell einer algorithmischen (also regelbasierten) Marktregulierung ist ein Gegenmodell zur landesplanerischen Entscheidung, deren Funktionsmängel evident sind. Es baut darauf, dass die bundesweite Regulierung autonomer Leistungserbringer an die Stelle landesplanerischer Entscheidungen tritt. Die Definition von Sicherstellungszuschlägen durch den G-BA ist der offensichtlichste Schritt in Richtung einer umfassenderen Marktregulierung. Die folgenden beiden Abschnitte zeigen zunächst qualitätsorientierte und danach kapazitätsorientierte Regulierungsinstrumente.

4.4 Qualität als Regulierungsinstrument

Das bekannteste Beispiel für qualitätsorientierte Regulierung durch den G-BA sind Mindestmengen für planbare Leistungen. Es existieren inzwischen genug wissenschaftliche Belege, dass zu geringe Fallzahlen zu verminderter Qualität führen (vgl. Dormann, F. et al. 2018; Nimptsch, U., Mansky, T. 2018). Es gibt deshalb seit Langem gesetzliche Mindestmengenregelungen, die aber aus zwei Gründen weitestgehend wirkungslos geblieben sind. Zum Ersten waren die Hürden zur Einführung von Mindestmengen durch den G-BA extrem hoch, weil ein „besonderer Zusammenhang" zwischen Menge und Qualität nachgewiesen werden musste. So ist es denn dem G-BA aufgrund massiver Widerstände der DKG lediglich gelungen, sieben Mindestmengen zu beschließen. Zum Zweiten wurden diese Mindestmengen schlichtweg nicht eingehalten, sodass zahlreiche Krankenhäuser Leistungsmengen erbrachten, die unterhalb der Mindestmenge lagen und eigentlich nicht hätten bezahlt werden dürfen. Diese Eingriffe wurden auch dann durchgeführt, wenn durch die Einhaltung der Mindestmengen quasi keinerlei Veränderungen in der Erreichbarkeit resultieren würden (vgl. Leber, W.-D., Scheller-Kreinsen, D. 2015).

Mit dem KHSG wurden beide Probleme aufgegriffen. Die Neuregelung verlangt nunmehr keinen „besonderen Zusammenhang" bei der Festlegung von Mindestmengen mehr. Entscheidender noch ist die konkrete Umsetzung der Mindestmengen vor Ort. Die Mengen der Vergangenheit sind jetzt Basis für die Prognose der künftigen Mengen. Als wichtige Konsequenz bewirkt das ab 2020 greifende Verfahren eine Entkoppelung der Mindestmengenfeststellung von den (oft verspäteten) Budgetverhandlungen. Es bleibt zu hoffen, dass die derzeit übliche patientengefährdende Gelegenheitsversorgung durch die neue G-BA-Richtlinie wirksam eingegrenzt wird.

Neben den Regelungen zu den Mindestmengen hat der G-BA eine Reihe weiterer Strukturrichtlinien beschlossen, die qualitätssichernde, aber auch mittelbar kapazitätssteuernde Funktion haben. Die bislang sieben Richtlinien regeln die Strukturqualität in den Bereichen minimalinvasive Herzklappeninterventionen, Bauchaortenaneurysma, Kinderonkologie, Positronenemissionstomografie bei Lungenkarzinom, Protonentherapie beim Rektumkarzinom, Versorgung von Früh- und Reifgeborenen sowie herzchirurgische Versorgung bei Kindern und Jugendlichen. So wird beispielsweise für die Herzklappeninterventionen TAVI geregelt, dass TAVI-Eingriffe nur in jenen Krankenhäusern durchgeführt werden, in denen eine chirurgische Krisenintervention möglich ist. Die von Krankenhausseite auf das Heftigste bekämpfte Richtlinie ist typisch für eine qualitätsorientierte Maßnahme, die zugleich kapazitätssteuernde Wirkung hat. Dies gilt auch für die Qualitätssicherung zur Früh- und Reifgeborenenversorgung. Derzeit ist noch unklar, in welchem Umfang die Vorgabe einer 1:1-Betreuung bei Frühgeborenen mit einem Geburtsgewicht unter 1.500 Gramm bei Intensivpflege in Perinatalzentren eingehalten werden kann.

Zwei weitere Beispiele für qualitätsorientierte Regulierung sind bereits oben detailliert dargestellt worden. Mit der Definition von Notfallstufen „übernimmt" der G-BA einen bislang wenig konsistent beplanten Regelungsbereich (vgl. Abschnitt 3). Außerhalb des G-BA, aber mit ähnlicher Eingriffstiefe, werden derzeit Pflegepersonaluntergrenzen festgelegt (vgl. Abschnitt 2).

4.5 Kapazitätsorientierte Marktregulierung

Während die qualitätsorientierte Regulierung noch als „zweite Dimension" neben der Landesplanung interpretiert werden kann, ist die kapazitätsorientierte

Pkw-Fahrzeit	30 Minuten
Betroffen-heitsnorm	5.000 Einwohner
Einwohnerdichte	<=100 Einwohner/km²
Notwendige Vorhaltung	Fachabteilungen Innere Medizin und Chirurgie
Inselkranken-häuser	Öffnungsklausel
ca. 100 Sicherstellungskandidaten	

Abb. 8: Krankenhäuser mit potenziellem Sicherstellungszuschlag (G-BA-Beschluss vom 24.11.2016).
Quelle: GKV-Spitzenverband, eigene Darstellung

Marktregulierung ein „revolutionärer Akt". Spätestens mit dem KHSG tritt an die Stelle der bislang alles bestimmenden Landesplanung eine differenzierte kapazitätsorientierte Steuerungsebene auf Bundesebene, die nach und nach auch formal die Krankenhausplanung der Bundesländer ablösen könnte. Prominentes Beispiel ist die Definition von Sicherstellungszuschlägen durch den G-BA. Er hat – vereinfacht gesagt – einen Algorithmus verabschiedet, der Standorte identifiziert, durch deren Schließung mehr als 5.000 Einwohner mehr als 30 Pkw-Fahrzeitminuten bis zum nächsten geeigneten Krankenhaus der Grundversorgung benötigen würden. Ferner muss ein geringer Versorgungsbedarf vorliegen, damit ein Krankenhaus zum „Sicherstellungskandidaten" wird (siehe Abb. 8).

Derzeit greift der entsprechende Algorithmus bundesweit ca. 100 Standorte als Sicherstellungskandidaten auf. Vor Ort ist zu überprüfen, ob diese Standorte auch unter wirtschaftlichen Gesichtspunkten für einen Sicherstellungszuschlag infrage kommen. Konkret ist zu ermitteln, ob aufgrund einer Vorhalteproblematik im Bereich der Grundversorgung ein Defizit vorliegt.

Eine weitere bundespolitische Marktregulierung geschieht durch die Definition von Zentren. Mit dem KHSG wollte der Gesetzgeber die heterogene Zentrumslandschaft in Deutschland vereinheitlichen und auf versorgungspolitisch relevante Krankheitsbilder konzentrieren. Was künftig unter dem Begriff „Zentrum" zu finanzieren ist, sollten daher DKG, Verband der Privaten Krankenversicherung (PKV) und GKV-Spitzenverband per Verhandlung klären. Dies scheiterte, worauf Ende 2016 die Bundesschiedsstelle einen Vertrag festgesetzt hat, der aus Kassensicht dem eigentlichen Gesetzesauftrag aus dem KHSG nicht gerecht wird. Ausreichend für eine Finanzierung laut Schiedsstelle ist, dass eine Klinik in der Krankenhausplanung der Länder als Zentrum ausgewiesen wird, ohne dass es weitere strukturierende Elemente gibt oder dass definiert wäre, was eine Aufgabe zu einer besonderen Aufgabe eines Zentrums macht. Ein Flickenteppich in der Umsetzung je Bundesland und Streit über die Kriterien und besonderen Aufgaben von Zentren sind die Folge.

Entscheidend für eine sinnvolle Marktregulierung wird künftig sein, ob es gelingt zu klären, was unter medizinischen Gesichtspunkten die Besonderheit von Zentrumsaufgaben ausmacht, und diese entlang von Kriterien bundeseinheitlich zu definieren. Nur dann wird von der Zentrumsvereinbarung und den daran geknüpften Zuschlägen für besondere Aufgaben ein positiver Versorgungseffekt für die Versicherten ausgehen. Marktregulatorisch ausgedrückt: Es fehlt ein Algorithmus, der die besonderen Aufgaben von Zentren unterscheidbar macht von Leistungen, die jedes Krankenhaus erbringt.

Als weiteres Beispiel für eine kapazitätsorientierte Regulierung kann der Strukturfonds gelten, zu dem aber bislang keine wirklich ergiebigen Auswertungen vorliegen. Er wird deshalb hier nicht weiter ausgeführt.

4.6 Algorithmische Regulierung des Krankenhausmarktes

Das KHG von 1972 ist inzwischen 45 Jahre alt. Es basiert auf einem Modell, in dem die Bundesländer die Krankenhausstandorte nebst Bettenzahl und Abteilungsstruktur bestimmen und den Bau der Krankenhäuser finanzieren. Die Betriebskosten werden durch die Verhandlungspartner vor Ort geregelt. Dieses Modell, das weitestgehend frei von bundesweiten Steuerungselementen war, hat sich inzwischen grundlegend gewandelt. Durch die Einführung des bundesweit gültigen DRG-Systems und durch die qualitätssichernden Regeln mit stark regulativem Durchgriff des G-BA hat sich inzwischen eine komplexe Mehrebenensteuerung durchgesetzt. Gleichwohl wird verfassungsrechtlich die Planungshoheit der Länder aufrechterhalten – mit zum Teil grotesker Normenkonkurrenz. So beschließt der G-BA Richtlinien zum Patientenschutz (z. B. Mindestmengen), die dann von den Bundesländern ausgesetzt werden können.

Sieht man einmal von landsmannschaftlichen Ressentiments gegen Fremdbestimmung aus Berlin ab, so ist die wesentliche gesundheitspolitische Begründung für die Opt-out-Regelung der Bundesländer die Unterschiedlichkeit der Siedlungsstrukturen. Die Sicherung der flächendeckenden Versorgung – also ein Erreichbarkeitskriterium – ist das wesentliche Argument gegen die Gültigkeit bundesweiter Vorgaben. In der Tat ist es manchmal besser, ein (vielleicht wegen geringer Fallzahl) schlechteres Krankenhaus zu haben als gar keins. Die Simulationen zum Sicherstellungszuschlag haben jedoch gezeigt, dass sich gerade Erreichbarkeiten gut aus der Google-Earth-Perspektive simulieren und bestimmen lassen. Die digitale Revolution hat dafür gesorgt, dass das Wissen der Menschen vor Ort geringer ist als jenes globaler Navigationssysteme. Exemplarisch sei der GKV-Klinksimulator genannt, mit dem bei der Schließung eines Krankenhauses die Erreichbarkeit anderer Häuser simuliert werden kann (www.gkv-klinksimulator.de). Die digitale Revolution ermöglicht zwischenzeitlich die Folgeabschätzung bundesweiter Regelungen für alle Regionen.

Es verbleibt das Problem der Krankenhausplanung, die zu einer Status-quo-Fortschreibung verkommen ist. Einige Länder haben den Anspruch, durch den Krankenhausplan Versorgung zu gestalten, weitgehend aufgegeben und regeln nicht einmal mehr die Bettenzahl und die Abteilungsstruktur. Die gestaltungsfreie Fortschreibung des Status quo vertraut im Wesentlichen darauf, dass die Krankenhäuser schon „alles richtig machen". Das gewaltige Ausmaß an Gelegenheitsversorgung mit patientengefährdender Wirkung aufgrund unverantwortlich geringer Fallzahlen lässt erhebliche Zweifel an dieser Grundannahme aufkommen.

Die Sicherstellungszuschläge sind ein erster Schritt, algorithmisch die wirklich unverzichtbaren Krankenhäuser zu definieren. Bislang ist das nur für die Grundversorgung geschehen. Eine konsequente Ausweitung der Regelungen auf andere Leistungsbereiche höherer Versorgungsstufen wäre denkbar.

Angesichts manifester Überkapazitäten, zu deren Abbau die Krankenhausplanung absehbar keinen Beitrag leisten wird, ist es aus regulatorischer Perspektive naheliegend, auch für die Angebotssteuerung im stationären Bereich einen Algorithmus für den Markteintritt und die Kapazitätssteuerung zu fordern. Darüber hinaus sind neue Marktsegmente, wie beispielsweise die mit dem KHSG neu sortierte und deutlich aufgewertete Zentrumsfinanzierung, mit klaren Kriterien für Zentren im Sinne von Markteintrittsalgorithmen zu hinterlegen. Wesentlich ist dabei, dass medizinisch sinnvoll und auf Basis klarer Trenner zwischen den Leistungserbringern unterschieden wird, die Aufgaben in neuen abrechnungsfähigen Marktsegmenten übernehmen sollen, und solchen, die für die vorgesehenen Aufgaben eben nicht die notwendigen Qualifikationen mitbringen.

In der Gesamtschau zeigt sich ein fundamentaler Wandel in der Steuerung und Strukturierung der stationären Versorgung: An die Stelle des alten paternalistischen, stark landesbezogenen KHG-Modells zur Krankenhausplanung treten

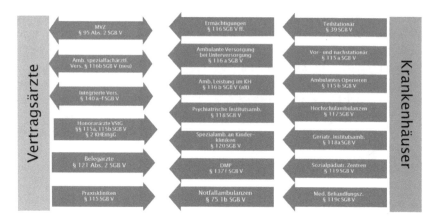

Abb. 9: Ambulant-stationärer Grenzbereich.
Quelle: GKV-Spitzenverband, eigene Darstellung

zunehmend bundesweite Regelungen zur Vergütung, zur Qualität und inzwischen auch zur Kapazitätsplanung. Die digitalen Systeme erlauben inzwischen weitestgehend die Berücksichtigung regionaler Besonderheiten. Es dürfte deshalb an der Zeit sein, verfassungsrechtlich nachzujustieren, damit vermeintliche Eingriffe in die Planungshoheit der Länder künftig nicht mehr unbefriedigende Opt-out-Regelungen nach sich ziehen. Es bleibt der Appell an die Gesundheitspolitik, die gemeinsame Selbstverwaltung und die Gesundheitsökonomie, neue Algorithmen zu formulieren.

5 Ambulant-stationäre Versorgung

Weit entfernt von einer kapazitätsorientierten, algorithmischen Marktregulierung ist die ambulante Versorgung an den Sektorengrenzen der ambulanten und stationären Versorgung. Es existieren inzwischen rund zwei Dutzend Rechtsformen für Krankenhausambulanzen und somit Bereiche, in denen Krankenhäuser und niedergelassene Vertragsärzte gleichermaßen an der Versorgung beteiligt sind (vgl. Leber, W.-D., Wasem, J. 2016), die jedoch in den jeweiligen sektoralen Kapazitäts-, Qualitätssicherungs- und Mengensteuerungssystemen gar nicht oder nur unzureichend erfasst werden (siehe Abb. 9).

Seit vielen Jahren wird eine Reform angemahnt. Dabei ist es nicht sinnvoll, zwischen der Versorgungsfunktion der mehr als 24 Einzelvorschriften zu unterscheiden, nach denen Krankenhäuser ambulante Leistungen erbringen.

Stattdessen kann grob zwischen drei Versorgungsfunktionen von Krankenhausambulanzen unterschieden werden:

1. Ergänzende vertragsärztliche Versorgung: Krankenhausambulanzen werden ermächtigt, um Versorgungsdefizite der vertragsärztlichen Versorgung auszugleichen.
2. Äquivalente Leistungserbringung: Krankenhausambulanzen sind als spezialisierte Leistungserbringer spezifischer ambulanter Versorgungsleistungen vorgesehen, die sowohl von Ambulanzen als auch von spezialisierten Vertragsärztinnen und -ärzten erbracht werden können.
3. Hoch spezialisierte Ambulanzversorgung: Krankenhäuser erbringen eine hoch spezialisierte ambulante Versorgung, die unter Qualitätsaspekten oder wegen notwendiger Strukturanforderungen vornehmlich oder ausschließlich von Krankenhausambulanzen erbracht werden sollte.

Es ergeben sich unterschiedliche Handlungsnotwendigkeiten. Ist die Versorgungsfunktion der Ausgleich von Defiziten der vertragsärztlichen Versorgung (vgl. Nr. 1), kann grundsätzlich auf einer differenzierten Steuerungssystematik aufgebaut werden. Hier besteht die Herausforderung in der Erfassung und Berücksichtigung von Ambulanzkapazitäten in der bestehenden Systematik der vertragsärztlichen Versorgung. Voraussetzung einer effektiven Berücksichtigung der Krankenhausambulanzen dürfte sein, dass auch die Versorgungsaufträge der Vertragsärzte präziser gefasst werden und damit ein operabler Anknüpfungspunkt für eine Kapazitätserfassung von Ambulanzen existiert.

Die spezialisierte Versorgung im Überschneidungsbereich der Leistungserbringung durch Vertragsärzte und Krankenhäuser (vgl. Nr. 2) weist besonders große marktregulatorische Defizite auf. Das regulatorische Vakuum ist durch die Entwicklung einer sektorenübergreifenden Bedarfsplanung für solche spezialisierten Leistungen, die sinnvollerweise sowohl von Vertragsärzten als auch von Krankenhausambulanzen erbracht werden können, zu füllen (vgl. Scheller-Kreinsen, D. et al. 2018). Weitergehende Reformbedarfe sind eine sektorenunabhängige und stärker fallpauschalierte Vergütungsstruktur, eine durchgehende und sektorenunabhängige Mengensteuerung sowie Qualitätssicherung.

Im Bereich der hoch spezialisierten Ambulanzversorgung sind zunächst die Basisvoraussetzungen einer kapazitätsorientierten Marktregulierung zu schaffen: Es sind Marktteilnehmer, Produkte und Angebotsmengen einheitlich zu erfassen (siehe Abb. 10).

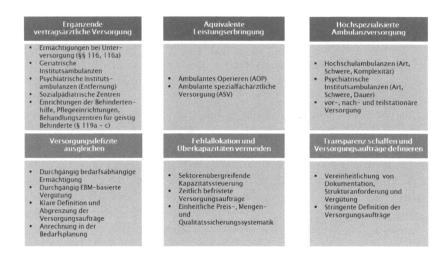

Abb. 10: Reform nach Versorgungsclustern.
Quelle: GKV-Spitzenverband, eigene Darstellung

6 AKV pronto!

6.1 Verteilungsgerechtigkeit statt GKV/PKV-Trennung

Neben der Krankenhauspolitik im engeren Sine gehört zu den großen Herausforderungen der Gesundheitspolitik, das dysfunktionale Nebeneinander einer
gesetzlichen und einer privaten Vollversicherung zugunsten einer allgemeinen Krankenversicherung (AKV) zu beenden. Deutschland ist das letzte Land
in Europa, in dem ein solcher Anachronismus als „bewährtes System" vertei-
digt wird. Im Folgenden wird ein Systemübergang skizziert, der das angeblich
„bewährte" Nebeneinander zugunsten einer „Allgemeinen Krankenversicherung (AKV)" zu einem nicht mehr allzu fernen Stichtag beendet (vgl. Leber,
W.-D. 2017/2). Es wird dafür nicht der Begriff „Bürgerversicherung" verwendet,
da dieser das falsche Versprechen einer Abschaffung der „Zweiklassenmedizin"
macht. Der Ausgangspunkt der Überlegungen, die Systemumstellung zu einem
nicht mehr allzu fernen Stichtag erfolgen zu lassen, ist verteilungspolitisch –
nicht primär gesundheitspolitisch. Es wird nach diesem Stichtag weiterhin
Zusatzversicherungen geben und damit keine vollständige Behandlungsgleich-
heit – so wie überall in der Welt.

Die GKV ist ein mächtiges parafiskalisches Umverteilungssystem, in dem
Einkommensstarke einen Solidarbeitrag für Einkommensschwache leisten.

Tabelle 1: Solidarbeitrag nach Alter und Jahreseinkommen (in Euro)

		0	10.000	20.000	30.000	40.000	50.000	60.000	Einkommen
Alter	Ausgaben	0	1.570	3.140	4.710	6.280	7.850	0	Beiträge
(1)	(2)	(3)	(4)	(5)	(6)	(7)	(8)	(9)	Spalte
10	1.321								
20	935	-935	635	2.205	3.775	5.345	6.915	0	
30	1.100	-1.100	470	2.040	3.610	5.180	6.750	0	
40	1.505	-1.505	65	1.635	3.205	4.775	6.345	0	
50	2.208	-2.208	-638	932	2.502	4.072	5.642	0	
60	3.593	-3.593	-2.023	-453	1.117	2.687	4.257	0	
70	5.304	-5.304	-3.734	-2.164	-594	976	2.546	0	
80	7.015	-7.015	-5.445	-3.875	-2.305	-735	835	0	

Quelle: Eigene Berechnung. Beitragssatz 15,7 Prozent. Jahresausgaben nach Alter (Männer) gemäß GKV-Statistik 2015.

Abb. 11: GKV als parafiskalisches Umverteilungssystem.
Quelle: Eigene Berechnung (vgl. Leber, W.-D. 2017/2, S. 45)

Da sich die Beiträge nicht nach dem Ausgabenrisiko, sondern nach dem Einkommen des gesetzlich Versicherten bemessen, kommt es zu einer Umverteilung von Versicherten mit hohem Arbeitseinkommen zu denen mit niedrigem Einkommen. Da zudem Kinder beitragsfrei mitversichert sind, ist die GKV ein fundamentaler Bestandteil des Familienlastenausgleichs. Allein die beitragsfreie Mitversicherung hat ein Volumen von 37 Mrd. Euro (mehr als das Kindergeld mit 34 Mrd. Euro), wobei allerdings rund ein Drittel durch einen Bundeszuschuss refinanziert wird.

Das Absonderliche ist, dass Besserverdienende (Arbeitnehmer), Selbstständige und Beamte nicht der Versicherungspflicht unterliegen und sich der solidarischen Umverteilung entziehen können. Die persönlichen Vorteile sind beträchtlich und bislang wenig diskutiert. Ein 40-jähriger Arbeitnehmer mit einem Jahreseinkommen von 50.000 Euro (unter der Versicherungspflichtgrenze) zahlt pro Jahr bei einem Beitragssatz von 15,7 Prozent 7.850 Euro an Krankenkassenbeiträgen (vgl. Abb. 11). Seine durchschnittlichen Ausgaben liegen bei 1.505 Euro, sodass sich ein Solidarbeitrag in der Größenordnung von 6.345 Euro ergibt. Über sein Berufsleben hinweg addiert sich das zur finanziellen Größenordnung einer Eigentumswohnung. Wer aber 60.000 Euro (also über der Versicherungspflichtgrenze von 57.600 Euro in 2017) verdient, der kann sich der Zahlung dieses Solidarbeitrags entziehen. Der Staat schenkt ihm eine Eigentumswohnung.

Diese Ungleichbehandlung mag historisch erklärbar sein, verteilungspolitisch rechtfertigen lässt sie sich heute nicht mehr. Eine AKV, die die gesamte

Bevölkerung einbezieht, würde diesen offensichtlichen Missstand beseitigen und mehr Verteilungsgerechtigkeit schaffen.

6.2 Modell „Deutsche Einheit"

Wie aber soll der Übergang in eine solche AKV gestaltet werden? Ein Bestandsschutz für bestehende Verträge würde dafür sorgen, dass sich der Transformationsprozess über mehrere Generationen hinzieht. Aber es geht auch anders. Vorbild für eine einheitliche Krankenversicherung könnte die Deutsche Einheit sein. Sie wurde über Nacht hergestellt – Korrekturen folgten später. Bei einer Stichtagsumstellung würde die Gesamtbevölkerung ab dem Tag X Pflichtmitglied in einer AKV, die im Großen und Ganzen den Versicherungsprinzipien der heutigen GKV entspräche. Versicherte, die bislang in der PKV versichert waren, können eine der bestehenden gesetzlichen Krankenkassen wählen oder sich für einen „GKV-Tarif" in ihrem bisherigen PKV-Unternehmen entscheiden, sofern diese einen solchen anbieten.

Die GKV hat zwar, insbesondere auch bezüglich ihrer Verteilungssystematik, nicht unbeträchtliche Schwächen. Gleichwohl wird vorgeschlagen, diese zum Teil komplizierten und längerfristigen Korrekturen auf einen Zeitpunkt nach der Einheit zu verschieben. Man muss das Reformprogramm dosieren, um es nicht gänzlich unmöglich zu machen.

Zu den Fragen, die später geregelt werden können, gehört auch die Frage der paritätischen Finanzierung. Derzeit ist der Arbeitgeberanteil auf 7,3 Prozent eingefroren, durchschnittlich 8,4 Prozent sind hingegen vom Versicherten zu tragen. Die Tatsache, dass die Sozialpartner der GKV Arbeitnehmer und Arbeitgeber sind, mag dazu beitragen, dass die Aufteilung der Lohnnebenkosten besondere Aufmerksamkeit genießt: Gesundheitspolitik als Fortsetzung von Tarifpolitik. Die Einführung einer AKV ist von dieser Frage jedoch erst einmal unabhängig. Sie kann mit oder ohne Parität erfolgen.

6.3 Besserverdienende, Selbstständige, Beamte

Zum Stichtag muss geregelt werden, zu welchen Konditionen die ehemals privat Versicherten einbezogen werden. Unproblematisch ist das bei den besserverdienenden Arbeitnehmern. Sie sind als freiwillig Versicherte oberhalb der Versicherungspflichtgrenze (57.600 Euro) schon seit Langem eine starke Versichertengruppe in der GKV. Ihr Arbeitseinkommen wird nur bis zur Beitragsbemessungsgrenze (52.200 Euro in 2017) herangezogen. Dies könnte man auch bei den Ex-Privatversicherten so handhaben.

Auch viele Selbstständige sind schon heute gesetzlich versichert, auch wenn wegen des fehlenden Einkommens aus unselbstständiger Beschäftigung eine Art Hilfskonstruktion notwendig ist: Das gesamte Einkommen wird zur Beitragsbemessung herangezogen. Verändert werden müsste allerdings eine derzeit bestehende Untergrenze.

Beamte sind ein Problem. Ihre Besoldung enthält als sogenannte Beihilfe eine anteilige Erstattung von Gesundheitsleistungen, die in der Regel durch Ergänzungstarife der PKV dazu führt, dass Beamte den privilegierten Status von Privatpatienten erhalten. Beim AKV-Übergang müsste letztlich die Beihilfe zugunsten eines Arbeitgeberbeitrags ersetzt werden. Hamburg hat jüngst ein Gesetz auf den Weg gebracht, damit den gesetzlich versicherten Beamten als „pauschalierte Beihilfe" ein Arbeitgeberanteil gewährt werden kann – ein möglicherweise historischer Schritt.

6.4 Tabu Beihilfe

Die Beihilfe als öffentlich-rechtliches Privilegiensystem ist ein gesundheitspolitisches Tabuthema. Dabei lohnt sich eine Debatte, weil die Beihilfe vor allem eines ist: gnadenlos ineffizient – eine archaische Zettelwirtschaft in Zeiten der Digitalisierung. Die Beihilfeberechtigten müssen ihre Abrechnung in der Regel doppelt einreichen: zum Ersten bei einer der rund 10.000 (!) Beihilfestellen, wo in der Regel eine komplizierte Teilkostenerstattung stattfindet, und zum Zweiten bei der ergänzenden PKV. Fast alle Versicherungtarife der privaten Versicherung sind ergänzende Teilkostenversicherungen. Bei Abschaffung der Beihilfe zugunsten einer allgemeinen Vollversicherung wäre all dies obsolet. Abertausende (meist beamtete) Sachbearbeiter könnten künftig einer sinnvollen Beschäftigung nachgehen.

Die Abschaffung der Beihilfe ist ein gesetzgeberischer Kraftakt, weil mindestens siebzehn Beamtengesetze auf Bundes- und Landesebene geändert werden müssen. Absehbar ist verfassungsrechtliche Gegenwehr. Nach herrschender Meinung gehört die Beihilfe jedoch nicht zu den durch Art. 33 Abs. 5 Grundgesetz geschützten, hergebrachten Grundsätzen des Berufsbeamtentums. Die Fürsorge des Staates für die Staatsdiener kann auch in Form von Beitragszahlungen in eine allgemeine Versicherung gewährleistet werden.

Schwieriger ist die Frage zu beantworten, inwieweit allen Beamten künftig auch der privilegierte Status eines privat Versicherten garantiert wird. Das führt zu der Frage der Zusatzversicherung neben einer AKV.

6.5 Zusatzversicherung

In allen Staaten dieser Welt gibt es Menschen, die willens und in der Lage sind, für Gesundheitsleistungen mehr auszugeben, als der Umfang der staatlichen verpflichtenden Versicherung vorsieht. In den meisten Staaten gibt es dafür einen regulierten Markt für Zusatzversicherungen. Die Zahl der Zusatzversicherungen in Deutschland beläuft sich immerhin auf rund 25 Mio. Versicherungsverträge. Sofern die Leistungserbringer bereit sind, die Versicherten mit erhöhter Zahlungsbereitschaft bevorzugt zu behandeln, muss man von „Zweiklassenmedizin" sprechen.

Wenn nun das Nebeneinander von GKV- und PKV-Vollversicherung zugunsten einer AKV aufgehoben wird, bedeutet dies nicht die Aufhebung der Zweiklassenmedizin, es sei denn, man unterbindet sämtliche zusätzlichen Zahlungen, was wahrscheinlich nicht gelingen kann und bislang auch von keiner politisch relevanten Gruppierung vorgeschlagen worden ist. Insofern ist es falsch, mit einer „Bürgerversicherung" das Ende einer Zweiklassenmedizin zu versprechen. Das Versorgungsgefälle zwischen den beiden „Klassen" in Deutschland ist gottlob gering, weil die GKV einen umfassenden Versicherungsschutz gewährt. Zwei Klassen existieren eher auf der Beitragsseite, weil es eine ungleiche Einbeziehung in das Umverteilungssystem gibt.

6.6 Überführung der Alterungsrückstellung in einen Rückstellungsfonds

Wie aber sollen die PKV-Verträge ins neue System transformiert werden? Das deutsche PKV-System basiert auf dem versicherungsmathematischen Modell der Lebensversicherung: In jungen Jahren wird ein Kapitalstock angelegt (die sogenannte „Alterungsrückstellung"), der im Alter, wenn die Gesundheitsausgaben des Versicherten steigen, sukzessive abgebaut wird. Theoretisch hat der PKV-Versicherte das ganze Leben eine konstante Prämie.

Das Gesamtvolumen der Alterungsrückstellungen für die Krankenversicherung beläuft sich derzeit auf rund 190 Mrd. Euro – eine Art Nibelungenschatz. Die Frage, was bei Einführung einer AKV mit diesen 190 Mrd. Euro geschieht, gibt der Debatte eine gewissermaßen sinnliche Dimension. Der heimliche Traum vieler Gesundheitspolitiker ist die Überführung in den Gesundheitsfonds. Dagegen stehen eigentumsrechtliche Vorbehalte, wobei einigermaßen unklar ist, wessen Eigentum die Alterungsrückstellung denn nun ist: Eigentum des Versicherungsunternehmens oder Eigentum des Versicherten. Letztlich ist es wahrscheinlich so etwas wie das Eigentum der Versichertengemeinschaft. Bei der Verwendungsdebatte ist zudem zu berücksichtigen, dass die auf die Zusatzversicherung entfallende Alterungs-rückstellung unberührt bliebe – der zur Diskussion stehende Betrag also etwas geringer ist.

Im Folgenden wird vorgeschlagen, die Alterungsrückstellung als angespartes Eigentum der PKV-Versicherten zu betrachten. Es sollte deshalb auch für diese verwendet werden. Möglich wäre eine Auszahlung, besser aber noch eine quasi ratenmäßige Rückzahlung, so wie die Alterungsrückstellung ja auch gedacht war. Konkret sollte die Alterungsrückstellung in einen Rückstellungsfonds über-führt werden, der den ehemals PKV-Versicherten je nach persönlichem Anteil am Gesamtvolumen die Alterungsrückstellung in monatlichen Raten bis zum Lebensende zurückzahlt.

Was bedeutet diese Regelung? Den PKV-Versicherten wird ihr Geld zurück-gegeben. Es erfolgt keine „Nachbesteuerung" der PKV-Versicherten, d. h. es wird nicht versucht, für zurückliegende Jahre den fehlenden Solidarbeitrag doch noch einzutreiben. Das Geld – und das ist das wichtigste – steht zur Verfügung, um denen, die künftig einen Solidarbeitrag leisten müssen, der in ihrer bisheri-gen Lebensplanung nicht vorkam, den Übergang in die AKV zu erleichtern. Die monatliche Überweisung aus dem Rückstellungsfonds mildert die Belastung.

6.7 Irrweg: Unsolidarische Wahlrechte

Der „große Wurf" wird derzeit in der Gesundheitspolitik kaum diskutiert. Statt-dessen haben Vorschläge Konjunktur, die den AKV-Übergang durch vermehrte Wahlrechte erreichen wollen. Mehrere Parteien sprechen sich dafür aus, dass insbesondere potenziell zahlungsunfähige Versicherte, Kinderreiche und Ein-kommensschwache aus der „PKV-Falle" befreit werden und vermittels erwei-terter Wahlrechte Zugang zur GKV erhalten: Die PKV-Problemfälle werden auf Kosten der GKV entsorgt. Politisch gängig sind solche Wahlrechte, weil sie arg gebeutelten Versicherten Hilfe versprechen und weil sie als Maßnahme verkauft werden, die PKV langfristig „auszutrocknen". Dieser Weg ist ein Irrweg. Er löst PKV-Probleme auf Kosten der GKV-Versicherten und er ist de facto ein PKV-Stabilisierungsprogramm, das die Einführung einer allgemeinen Versicherung historisch auf den Sankt-Nimmerleins-Tag verschiebt. Bei den bisher gehan-delten Vorschlägen verbleibt die Alterungsrückstellung zudem bei den privaten Versicherungsunternehmen und kann dort zur Prämienstabilisierung genutzt werden.

Durch erweiterte Wahlrechte wird zwar das Problem bestimmter „benachtei-ligter" Gruppen geklärt, aber es wird die eingangs erwähnte Verteilungsgerech-tigkeit nicht hergestellt. Die verbleibenden PKV-Versicherten werden immer noch nicht Teil der Umverteilungsgemeinschaft – nur jene, die eher auf der Empfängerseite der Solidaritätszahlungen sind. Eines der Irrlichter in der Diskussion um eine Neuordnung der Krankenversicherung ist die These vom „Systemwettbewerb": Die unterschiedlichen Systeme sollen in einen marktwirtschaftlichen Wettbewerb treten – einerseits die PKV mit ihren Prinzipien der Alterungsrückstellung und der Kostenerstattung, andererseits die GKV mit ihren einkommensbezogenen Beiträgen und dem Sachleistungsprinzip. Es bedarf kaum der Erwähnung, dass nur der Kreis der Besserverdienenden von diesem Systemwettbewerb profitieren würde. Völlig außer Acht bleibt bei diesem sogenannten Systemwettbewerb, dass Besserverdienende in der GKV einen Solidarbeitrag leisten, in der PKV jedoch nicht. De facto ist es – pointiert formuliert – ein Wettbewerb, der genauso sinnvoll ist wie ein Wettbewerb zwischen Steuerzahlern und Steuerhinterziehern.

6.8 AKV pronto! – Die Eckpunkte

Es ist an der Zeit, konkrete Schritte zu gehen, um das dysfunktionale Nebeneinander von GKV- und PKV-Vollversicherung zu beenden. Dabei muss die zentrale (eigentlich sozialpolitische) Gerechtigkeitsfrage in den Mittelpunkt gerückt werden. Wichtig ist es, Verteilungsgerechtigkeit in der Zukunft herzustellen – nicht Vergangenheit aufzurechnen. Die Erwartungen an diese Neuordnung sollten auch nicht übersteigert werden. Man wird das Landarztproblem oder andere als unbefriedigend empfundene Probleme nicht durch die Einführung einer „Bürgerversicherung" lösen. Die Eckpunkte für eine Neuordnung sind in knapper Form die folgenden:

1. Zu einem nicht mehr allzu fernen Stichtag werden alle Bundesbürger Mitglieder in der AKV. Diese funktioniert wie die GKV.
2. Bislang privat versicherte Besserverdienende, Selbstständige und Beamte versichern sich ab diesem Stichtag in der GKV oder zu einem GKV-Tarif der PKV-Unternehmen.
3. Notwendige Anpassung gibt es vor allem in den Beamtengesetzen. Die Beihilfe wird durch einen Arbeitgeberbeitrag ersetzt.
4. Zusatzversicherungen bleiben möglich. Im Krankenhaus gibt es kaum Änderungen, Anpassungen im ambulanten Bereich sind sinnvoll.
5. Die Alterungsrückstellungen werden in einen Rückstellungsfonds überführt.
6. Eine versicherungsmathematische Herausforderung ist die Überführung bestehender privater Versicherungsverträge durch Aufsplittung in GKV-Tarif und Zusatzversicherung.

Ein jegliches hat seine Zeit – auch das vermeintlich Bewährte. Irgendwann war das preußische Dreiklassenwahlrecht nicht mehr zeitgemäß. In den 90er-Jahren waren die ungleichen Wahlrechte für Arbeiter und Angestellte in der GKV nicht mehr zeitgemäß. Es wird einen Zeitpunkt geben, an dem das Nebeneinander einer privaten und einer gesetzlichen Krankenversicherung nicht mehr zeitgemäß ist.

7 Fazit

Für die Krankenhauspolitik in der neuen Legislaturperiode besteht erheblicher Handlungsbedarf. Die komplexe Diskussionslage lässt sich wie folgt zusammenfassen:

1. Die Selbstverwaltung hat die KHSG-Umsetzung weitestgehend umgesetzt. Die Steigerung der Versorgungsqualität lässt noch auf sich warten.
2. Die Pflege im Krankenhaus ist ein veritables Problem – fast so groß wie das im Bereich der Pflegeversicherung. Die Pflegepersonaluntergrenzen müssen so festgelegt werden, dass sie mehr als bisher Pflege für die Patienten sicherstellen.
3. Die Neustrukturierung der Notfallversorgung ist eine der großen Aufgaben der nächsten Legislaturperiode. Es geht um weit mehr als um zusätzliches Geld für Notfallambulanzen.
4. Die Krankenhausplanung sollte durch eine algorithmische Marktregulierung ersetzt werden.
5. Die Weiterentwicklung der ambulant-stationären Versorgung sollte in drei unterschiedlichen Clustern erfolgen.

Und über den Krankenhausbereich hinausgehend ist zu konstatieren: Die Zeit für eine allgemeine Krankenversicherung ist reif.

Literatur

Blum, K., Löffert, S., Offermanns, M., Steffen, P. (2010): Krankenhaus Barometer. Umfrage 2010, www.dkgev.de, abgerufen am 22.06.2017.

Busse, R., Ganten, D., Huster, S., Reinhardt, E. R., Suttorp, N., Wiesing, U. (2016): Zum Verhältnis von Medizin und Ökonomie im deutschen Gesundheitssystem – 8 Thesen zur Weiterentwicklung zum Wohle der Patienten und der Gesellschaft, Oktober 2016, Halle (Saale), http://www. leopoldina.org, abgerufen am 01.03.2017.

das Krankenhaus (2016): Das Manchester-Triage-System. Standards für die Ersteinschätzung in der Notaufnahme. In: das Krankenhaus 11/2016. Kohlhammer, Stuttgart: 980–982.

Deutscher Bundestag (1990): Endbericht der Enquete-Kommission „Strukturreform der gesetzlichen Krankenversicherung" gemäß Beschluss des Deutschen Bundestages vom 04.07.1987 und vom 27.10.1988, BT Drs. 11/6380 vom 12.02.1990.

Dormann, F., Klauber, J., Kuhlen, R. (2018): Qualitätsmonitor 2018. Medizinische Wissenschaftliche Verlagsgesellschaft, Berlin.

Geissler, A., Quentin, W., Busse, R. (2017): Umgestaltung der Notfallversorgung: Internationale Erfahrungen und Potenziale für Deutschland. In: Klauber, J., M. Geraedts, M., Friedrich, J., Wasem, J. (Hrsg.): Krankenhausreport 2017. Schattauer, Stuttgart.

GKV-Spitzenverband (2018): „Auswertung zur derzeitigen Pflegepersonalausstattung und Pflegelast in pflegesensitiven Bereichen in Krankenhäusern, § 137i SGB V", Berlin, https://www.subreport-elvis.de, abgerufen am 07.02.2018.

GKV-Spitzenverband (2017): Neustrukturierung der Notfallversorgung – Positionspapier des GKV-Spitzenverbandes, Berlin, 30.08.2017, https://www.gkv-spitzenverband.de, abgerufen am 15.03.2018.

GKV-Spitzenverband, Deutsche Krankenhausgesellschaft (2018): Pflegepersonaluntergrenzen in Krankenhäusern nach § 137i SGB V, Zwischenbericht des GKV-Spitzenverbandes und der Deutschen Krankenhausgesellschaft e. V. (DKG) an das Bundesministerium für Gesundheit, Stand: 30.01.2018, Berlin, https://www.gkv-spitzenverband.de, abgerufen am 21.03.2018.

Leber, W.-D. (2018): Personaluntergrenzen: Pflege im Fokus. In: führen und wirtschaften im Krankenhaus, f&w 03/2018, Bibliomed-Verlag, Melsungen: 222–225

Leber, W.-D. (2017/1): Qualitätsorientierung und Strukturbereinigung – Das KHSG in der Umsetzungsphase. In: Wille, E. (Hrsg.): Neuerungen im Krankenhaus- und Arzneimittelbereich zwischen Bedarf und Finanzierung. 21. Bad Orber Gespräche über kontroverse Themen im Gesundheitswesen. Reihe: Allokation im marktwirtschaftlichen System, Band 73, PL Academic Research, Frankfurt/M.: 107–134

Leber, W.-D. (2017/2): AKV pronto! Eine Streitschrift zur sofortigen Einführung einer Allgemeinen Krankenversicherung (AKV). In: Amelung, V., Knieps, F., Schönbach, K.-H. (Hrsg.): Gesundheits- und Sozialpolitik, G+S 6/2017, Nomos Verlagsgesellschaft, Baden-Baden: 44–50

Leber, W.-D., Malzahn, J., Wolff, J. (2007): Elektiv wird selektiv – Grundzüge eines wettbewerbsorientierten, nach Leistungen differenzierenden Ordnungsrahmens für Krankenhäuser ab dem Jahr 2009. In: Klauber, J.,

Robra, B.-P., Schellschmidt, H. (Hrsg.): Krankenhaus-Report 2007, Schattauer, Stuttgart: 81–106

Leber, W.-D., Scheller-Kreinsen, D. (2018): Von der Landesplanung zur algorithmischen Marktregulierung. In: Klauber, J., M. Geraedts, M., Friedrich, J., Wasem, J. (Hrsg.): Krankenhausreport 2018. Schattauer, Stuttgart: 187–210.

Leber, W.-D., Scheller-Kreinsen, D. (2015): Marktaustritte sicherstellen. Zur Rolle rekursiver Simulation bei der Strukturbereinigung im Krankenhaussektor. In: Klauber, J., Geraedts, M., Friedrich, J., Wasem, J. (Hrsg.): Krankenhaus-Report 2015, Schattauer, Stuttgart: 187–210

Leber, W.-D., Wasem, J. (2016): Ambulante Krankenhausleistungen – ein Überblick, eine Trendanalyse und einige ordnungspolitische Anmerkungen. In: Klauber, J., Geraedts, M., Friedrich, J., Wasem, J. (Hrsg.): Krankenhaus-Report 2016, Schattauer, Stuttgart: 3–28

Leopoldina – Nationale Akademie der Wissenschaften (2016): Zum Verhältnis von Medizin und Ökonomie im deutschen Gesundheitssystem, Dokumentation des Symposiums am 21.01.2016. https://www.leopoldina. org, abgerufen am 21.06.2017.

Nimptsch, U., Mansky, T. (2018): Volume-Outcome-Zusammenhänge in Deutschland. In: Dormann, F., Klauber, J., Kuhlen, R. (Hrsg.): Qualitätsmonitor 2018, Medizinische Wissenschaftliche Verlagsgesellschaft, Berlin: 55–68.

Sachverständigenrat zur Begutachtung der Entwicklung im Gesundheitswesen (2014): Gutachten 2014. Bedarfsgerechte Versorgung – Perspektiven für ländliche Regionen und ausgewählte Leistungsbereiche, www.svr-gesundheit.de, abgerufen am 22.06.2017.

Scheller-Kreinsen, D., Lehmann, K., Krause, F., Botero, F., Quentin, W. (2018): Sektorenübergreifende Angebotssteuerung für Vertragsärzte und Krankenhausambulanzen. In: Klauber, J., Geraedts, M., Friedrich, J., Wasem, J. (Hrsg.): Krankenhaus-Report 2018, Schattauer, Stuttgart: 209–232.

Schreyögg, J., Busse, R. (2014): Forschungsauftrag zur Mengenentwicklung nach § 17b Abs. 9 KHG – Endbericht, Juli 2014, Hamburg/Berlin, https://www.gkv-spitzenverband.de, abgerufen am 21.03.2018.

Schreyögg, J., Milstein, R. (2016): Expertise zur Ermittlung des Zusammenhangs zwischen Pflegeverhältniszahlen und pflegesensitiven Ergebnisparametern in Deutschland im Auftrag des Bundesministeriums für Gesundheit (BMG), Hamburg, 10.11.2016, https://www.bundesgesundheitsministerium.de, abgerufen am 07.02.2018.

Boris Augurzky

Weiterentwicklung der Krankenhausversorgung

1 Bestandsaufnahme

Die wirtschaftliche Lage der Krankenhäuser war im Jahr 2012 auf einem Tiefpunkt angelangt (siehe Abb. 1). Seitdem konnte sich ihre Lage wieder etwa bessern (Augurzky et al. 2017). Die Insolvenzwahrscheinlichkeit der Krankenhäuser lag 2015 bei rund 1,0 %, besser als 2012 (1,2 %). Dabei befanden sich 9 % der Krankenhäuser im roten Bereich mit erhöhter Insolvenzgefahr, 12 % im gelben, und 79 % im grünen Bereich mit geringer Insolvenzgefahr. In Bezug auf die Ertragslage schreiben 21 % der Krankenhäuser 2015 auf Konzernebene einen Jahresverlust, 79 % einen Gewinn. Betrachtet man statt der Konzern- die Standortebene, dürften im Jahr 2015 30 % der Standorte einen Verlust erwirtschaftet haben. Das durchschnittliche Jahresergebnis stieg 2015 leicht auf 1,9 %, nach 1,7 % im Jahr 2014, 1,1 % im Jahr 2013 und 0,4 % im Jahr 2012.

Die Lage der Krankenhäuser zeigt sich allerdings sehr heterogen. Signifikant besser fiel sie in Ost-Deutschland aus, am schwierigsten dagegen in Bayern, Niedersachen/Bremen, Hessen und Baden-Württemberg. Die Einwohnerdichte, d.h. der Grad der Ländlichkeit, hat keine Bedeutung für die wirtschaftliche Lage. Jedoch weisen große Krankenhäuser typischerweise ein besseres Rating als kleine auf und Letztere befinden sich häufiger in ländlichen Gebieten. Ein hoher Grad an Spezialisierung ist vorteilhaft, ebenso die Zugehörigkeit zu einer Kette. Sowohl Kliniken in freigemeinnütziger als auch privater Trägerschaft schneiden signifikant besser als öffentlich-rechtliche Kliniken ab. Eine Ausnahme bilden öffentlich-rechtliche Kliniken in ärmeren Kreisen, die signifikant bessere wirtschaftliche Ergebnisse aufweisen als solche in reicheren Kreisen. Subventionen reicher kommunaler Träger an wirtschaftlich schwache Krankenhäuser könnten eine Erklärung dafür sein. Besonders öffentlich-rechtliche Kliniken in Ost-Deutschland befinden sich in recht guter wirtschaftlicher Verfassung.

Die Investitionsaktivitäten der Krankenhäuser sind aber als gering zu bezeichnen. Im Jahr 2015 waren 63 % der Krankenhäuser voll investitionsfähig, nach

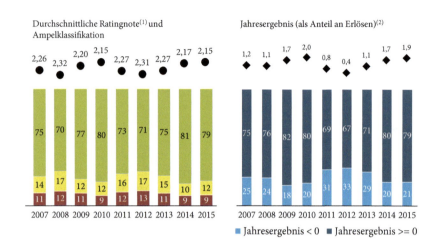

Abb. 1: Wirtschaftliche Lage der Krankenhäuser im Zeitverlauf.
Quelle: Augurzky et al. 2017

59 % im Jahr zuvor. Nach wie vor ist die Kapitalausstattung der Krankenhäuser jedoch unzureichend. Ein hoher Anteil des Sachanlagevermögens war bereits stark abgeschrieben. Die Bundesländer stellten 2015 Fördermittel in Höhe von 2,8 Mrd. EURO zur Verfügung; dies entspricht 3,5 % der Erlöse der Krankenhäuser. Im Jahr 2000 waren es noch 6,8 % der Erlöse. Mithin sank der Anteil des geförderten am gesamten Anlagevermögen von 66 % im Jahr 2007 auf 51 % im Jahr 2015. Der geschätzte jährliche Investitionsbedarf der Krankenhäuser (ohne Universitätskliniken) beläuft sich auf etwa 5,4 Mrd. EURO, wenn das vorhandene Sachanlagevermögen gehalten werden soll. Daraus ergibt sich eine jährliche Förderlücke der Länder von 2,6 Mrd. EURO. Sollte das bestehende Anlagevermögen bereits einen über die Jahre aufgebauten Investitionsstau beinhalten, würde der jährliche Investitionsbedarf noch höher ausfallen.

Ein Grund für die regional heterogene wirtschaftliche Lage können die vorherrschenden Krankenhausstrukturen sein. In manchen Regionen sind sie sowohl unter medizinischen als auch wirtschaftlichen Gesichtspunkten ungünstig. Dort liegen eine große Standortdichte, viele kleine Einheiten und ein vergleichsweise niedriger Spezialisierungsgrad vor. Beispielsweise in Bayern, Baden-Württemberg, Schleswig-Holstein und Niedersachsen liegt der Anteil der kleinen Krankenhäuser mit weniger als 150 Betten bei rund 50 % und mehr (siehe Abb. 2).

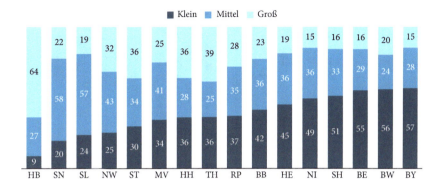

Abb. 2: Verteilung nach Größenklassen 2015 in %.
Quelle: Krankenhaus Rating Report 2017 (Augurzky et al. 2017); klein: weniger als 150 Betten; mittel: 150 bis 400 Betten, groß: über 400 Betten – je IK-Nummer

Neben einer unzureichenden Investitionsfinanzierung und ungünstigen Krankenhausstrukturen liegen aktuell weitere Problemfelder im Kranken-hausbereich vor. Darunter fällt eine ineffiziente Notfallversorgung und damit zusammenhängend eine ungünstige Patientensteuerung, ein geringer Grad an Digitalisierung der Krankenhäuser, aber auch des gesamten Gesundheitswe-sens. So existiert zum Beispiel keine elektronische Patientenakte in Deutschland (Amelung et al. 2016). Dies könnte mit einer mangelnden Innovationsoffen-heit der Selbstverwaltung (Stiftung Münch 2017a), mit einer Abneigung gegen Transparenz über das Versorgungsgeschehen sowie mit einem allgemein sehr strengen Datenschutz in Deutschland zusammenhängen. Ferner macht sich ein wachsender Fachkräftemangel im ärztlichen und pflegerischen Bereich erkenn-bar. Gerade in ländlich geprägten Gebieten wird es immer schwerer, geeigneten Nachwuchs zu finden. Schließlich ist die geringe sektorenübergreifende Vernet-zung im Gesundheitswesen zu nennen, die aus Patientensicht zu Verwerfungen in der Versorgung sowie aus Sicht der Beitragszahler zu unnötig hohen Kosten führt. Generell ist festzuhalten, dass die ökonomischen Anreize der bestehenden Vergütungssysteme nicht immer ein optimales Verhältnis von medizinischem Nutzen und Ressourceneinsatz erzielen.

2 Trends und Herausforderungen

Die deutsche Volkswirtschaft wird im Wesentlichen von der Produktivität ihrer Menschen und des eingesetzten Kapitals getragen. Das laufende Jahrzehnt ist

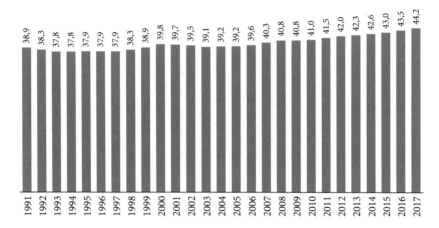

Abb. 3: Anzahl Erwerbstätige (Inländerkonzept), in Tsd.
Quelle: Statistisches Bundesamt (2018)

dabei weitgehend durch eine Phase hoher wirtschaftlicher Aktivität und geringer Arbeitslosigkeit geprägt. Der Sachverständigenrat zur Begutachtung der gesamtwirtschaftlichen Entwicklung spricht in seinem aktuellen Gutachten (SVR 2017) davon, dass sich die deutsche Wirtschaft in einem kräftigen Aufschwung befindet. Er rechnet mit Zuwachsraten des Bruttoinlandsprodukts von 2,0 % im Jahr 2017 und von 2,2 % im Jahr 2018 und spricht gar von einer Überauslastung der deutschen Wirtschaft. Noch nie gab es in Deutschland eine höhere Zahl an Erwerbstätigen: Im Jahr 2017 waren es 44,2 Millionen Menschen. In keinem Jahr seit der Wiedervereinigung 1991 lag der Wert jemals höher. In den 1990er-Jahren betrug die Zahl der Erwerbstätigen durchgehend unter 40 Millionen. Erstmals 2007 durchstieß sie die 40-Millionen-Grenze und ist seitdem kontinuierlich gestiegen – selbst während der Finanzkrise 2009 (siehe Abb. 3). Im Wesentlichen ist dieser Anstieg durch die steigende Erwerbstätigenquote von Frauen und Älteren gekennzeichnet.

Aufgrund ihrer großen Zahl haben die geburtenstarken Jahrgänge aus den Jahren 1955 bis 1969 einen gewichtigen Anteil an der gegenwärtig hohen wirtschaftlichen Aktivität. Die höchste Anzahl an Geburten wurde 1964 mit 1.357.304 (gesamtdeutsche Zahlen) erreicht. Im Jahr 1972 fiel die Anzahl erstmals deutlich unter eine Million und am niedrigsten lag sie 2011 mit rund 663.000. Die geburtenstarken Jahrgänge werden jedoch schon bald aus dem Erwerbsleben ausscheiden. Im Jahr 2018 sind die ältesten „Babyboomer" 63 Jahre alt, spätestens 2020 werden sie in Rente gehen. Der große „Rentenansturm" ist im Laufe

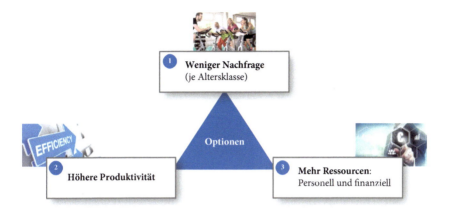

Abb. 4: Ansatzpunkte zur Linderung des anstehenden Engpasses.
Quelle: Eigene Darstellung

der 2020er-Jahre zu erwarten. Der jüngste Babyboomer wird etwa 2034 in Rente gehen. Mithin steigt damit die Zahl der zu versorgenden Rentner und ebenso altersbedingt die Zahl der Patienten. Im Gegenzug kommen weit weniger jüngere Menschen nach, welche die Arbeit der ausscheidenden Babyboomer übernehmen könnten, sodass mit einem weiter wachsenden Engpass an Fachkräften auf dem Arbeitsmarkt zu rechnen ist. Etwas zeitversetzt dazu wird langfristig der Bedarf an Altenpflege stark zunehmen, weil die Zahl der hochbetagten Menschen noch stärker wachsen und außerdem die Zahl ihrer Angehörigen, die möglicherweise einen Teil der Pflege übernehmen könnten, sinken wird.

Während also der Versorgungsbedarf in Deutschland immer höhere Werte erreichen wird, können die dafür nötigen personellen Ressourcen nicht ohne Weiteres in gleichem Maß aufgebaut werden. Dazu müssten massiv Arbeitskräfte aus anderen Branchen für die Gesundheitsbranche gewonnen werden, was sehr wettbewerbsfähige Arbeitsplätze verlangt, also u. a. steigende Löhne. Da im deutschen Gesundheitswesen die Preise für Gesundheitsleistungen staatlich reguliert sind, können höhere Löhne jedoch nicht einfach über höhere Preise der Leistungserbringer aufgefangen werden. Wenn die Löhne damit nicht ausreichend steigen, droht eine Rationierung auf dem Arbeitsmarkt für Gesundheitsberufe und infolgedessen auch der Leistungen für Patienten. In vielen ländlichen Regionen, die neben der Bevölkerungsalterung auch mit dem Wegzug von Menschen zu kämpfen haben, dürfte sich diese Problematik noch verschärfen.

Grundsätzlich gibt es drei Wege, diesem Problem zu begegnen (siehe Abb. 4). Der erste Weg besteht darin, das Nachfragewachstum nach

Gesundheitsleistungen durch geeignete Maßnahmen zu reduzieren. Der zweite Weg geht über die Erhöhung der Produktivität und beim dritten Weg würden schlichtweg mehr Ressourcen für das Gesundheitswesen zur Verfügung gestellt, z. B. durch Erhöhung der Beiträge der Sozialversicherungen. Da der letztgenannte Weg anderweitige Nachteile mit sich bringt, wie zum Beispiel die zusätzliche Verteuerung des knappen Faktors Arbeit, kann er sicherlich nicht der einzig zu beschreitende Weg sein, auch wenn er für die Politik „schmerzfreier" wäre. Insofern müssen auch die ersten beiden Wege ernsthaft in Erwägung gezogen werden. Zentrale Aufgabe wird es dabei sein, mit weniger Fachkräften mehr hilfsbedürftige Menschen zu versorgen, ohne dass die Arbeitsbelastung dieser Fachkräfte so sehr steigt, dass sie am Ende das Interesse am Gesundheitswesen verlieren und in anderen Branchen attraktivere Tätigkeiten suchen.

Der Fokus muss also auf arbeitssparendem technischen Fortschritt liegen. Das bedeutet, medizinisch-technischer Fortschritt im Gesundheitswesen darf künftig nicht allein dazu führen, dass entweder bestehende Leistungen teurer angeboten oder zusätzliche Leistungen ermöglicht werden. Er muss vielmehr so geartet sein, dass es gelingt, den Personaleinsatz je Patient reduzieren zu können. Die derzeit zu beobachtende steigende Innovationsdichte beispielsweise in den Bereichen „Digitalisierung", Robotik (Stiftung Münch 2017b), künstliche Intelligenz und Telemedizin sowie der Trend zur Ambulantisierung der Medizin könnten das Potenzial dazu haben, genau dies zu leisten. Aus dem zeitlichen Zusammentreffen der demografischen Alterung der Gesellschaft einerseits und der genannten technischen Neuerungen andererseits kann sich eine gewaltige Chance ergeben, das „demografische Tal" ohne allzu große Blessuren durchwandern zu können.

Hilfreich für das stark regulierte Gesundheitswesen wird dabei trotzdem die Notsituation sein, die im Laufe der 2020er-Jahre entstehen wird. Denn solange die Kassen wie derzeit gefüllt sind, wird das Beharrungsvermögen des Gesundheitswesens mitsamt seinen bestehenden Ineffizienzen obsiegen, weil bestehende Besitzstände finanziell bedient werden können. Relevante Veränderungen, gerade in einem regulierten System, lassen sich nur erreichen, wenn die Ressourcen so knapp werden, dass heilige Kühe geschlachtet und alte Zöpfe aus der Not heraus abgeschnitten werden müssen. Plötzlich wird gehen, was bis dahin regulatorisch ausgeschlossen war und es wird gelten „Pragmatismus vor Rationierung".

3 Handlungsempfehlungen

Zwei wesentlichen Aufgabenfeldern wird sich das Gesundheitswesen widmen müssen. Erstens wird es darum gehen, wie es im Wettbewerb mit anderen Branchen und vor dem Hintergrund des zu erwartenden Finanzierungsdrucks für Fachkräfte in Zukunft attraktiv bleiben kann. Dabei muss es neben den bestehenden Berufsbildern auch um neue Berufsbilder gerade vor dem Hintergrund der anstehenden technischen Entwicklungen gehen. In Anbetracht der Tatsache, dass vom Beginn einer ärztlichen Ausbildung bis zum Eintritt in den Berufsalltag mehr als zehn Jahre vergehen, herrscht Handlungsbedarf, um die Mediziner von morgen nicht an der Realität der Zukunft vorbei zu qualifizieren. Zudem werden mehr Berufe mit IT-Kenntnissen im Gesundheitswesen erforderlich sein. Man wird sich damit beschäftigen müssen, welche Innovationen bestehende Berufsbilder verändern werden, welche neuen Berufe zu erwarten und wie Ausbildungs- und Studiengänge zu reformieren sind. Es wird aber auch darum gehen, ob die bestehende strikte Trennung zwischen ärztlichen und pflegerischen Diensten noch zeitgemäß bzw. überhaupt effizient ist.

Zweitens sind die bestehenden Angebotsstrukturen derart anzupassen, dass die Effizienz der Leistungserbringer steigt. Hierzu sind die Krankenhausstrukturen weiter zu optimieren, d.h. eine stärkere Zentralisierung und Spezialisierung der medizinischen Angebote anzustreben. Dabei gilt es, die Angebote viel stärker aus Patientensicht zu organisieren und dafür die Trennung in den ambulanten und stationären Sektor aufzubrechen. Gerade in ländlich geprägten Regionen könnten integrierte (sektorenübergreifende) Gesundheitszentren eine Möglichkeit sein, die Gesundheitsversorgung weiterhin auf hohem Niveau zu gewährleisten (siehe Abb. 5). Insbesondere ließe sich damit auch die Ambulantisierung der Medizin unterstützen. Eine sektorenübergreifende Organisation der medizinischen Versorgung würde außerdem helfen, die Notfallversorgung effizienter auszurichten. Eine Organisation aus Patientensicht bedeutet jedoch nicht, dass vollständige Freiheiten für Patienten existieren können. Gerade in der Notfallversorgung ist dringend eine effektive Patientensteuerung wie zum Beispiel in Dänemark nötig, um die vorhandenen Ressourcen wirklich denjenigen Patienten zukommen lassen zu können, die sie am meisten benötigen.

Für eine sektorenübergreifende Versorgung, eine Neuausrichtung der Notfallversorgung und eine effektive Patientensteuerung braucht es ein Vergütungssystem, das die richtigen Anreize dazu setzt. Eine zentrale Aufgabe wird daher die Adjustierung und Harmonisierung der bestehenden Vergütungssysteme sein, was die schwierigste aller Aufgaben sein dürfte. Dabei sollte sich auch der ökonomische Nutzen einer Leistung für den Leistungserbringer stärker am

Abb. 5: Integriertes Gesundheitszentrum (beispielhaft).
Quelle: Eigene Darstellung

medizinischen Nutzen für den Patienten orientieren. Für Leistungen, die sowohl ambulant als auch stationär durchgeführt werden können, sollte die Vergütung unabhängig von der Art der Leistungserbringung erfolgen.

Besonders wichtig beim Aufbau einer stärker patientenorientierten Gesundheitsversorgung sind darüber hinaus Investitionen. Viele Strukturoptimierungen sind mit einem erheblichen Investitionsbedarf verbunden. Der Strukturfonds im Rahmen des Krankenhausstrukturgesetzes leistet dafür einen Beitrag. RWI (2018) und Augurzky und Pilny (2018) gehen davon aus, dass zum Erreichen einer auf Basis der relativ vorbildlichen sächsischen Krankenhausstruktur definierten Soll-Struktur weitere rund zehn Milliarden Euro nötig sind. Insofern sollte über eine Fortführung des Strukturfonds unter gewissen Anpassungen nachgedacht werden (Augurzky und Pilny 2018). So sollten seine Mittel besser aus Steuermitteln des Bundes mit Ko-Finanzierung der Länder kommen. Krankenhausträger sollten Anträge stellen können und die Verteilung der Mittel sollte nach einem bundesweit einheitlichen Kriterienkatalog erfolgen. Um einen Anreiz zu setzen, ein möglichst günstiges Verhältnis zwischen zu erreichender

Strukturoptimierung und beantragter Mittel aus dem Fonds zu erzielen, bietet sich ein Bewertungssystem nach Punkten an.

Schließlich besitzt die Digitalisierung des Gesundheitswesens das Potenzial zu Effizienzverbesserungen. Allerdings werden Digitalisierungsmaßnahmen mit positiven externen Effekten kaum allein von einzelnen Akteuren des Gesundheitswesens finanziert werden, wenn sie nur die Kosten tragen, aber aus dem Nutzen der positiven Effekte für Dritte keine eigenen Vorteile ziehen. Es bedarf daher staatlicherseits einer Investitionsfinanzierung zum Aufbau einer standardisierten Telematikinfrastruktur. Zwar hat es eine solche bereits im Rahmen der Gematik gegeben, jedoch ohne dass inzwischen eine elektronische Patientenakte existiert. Flankierend sind auch Bonus- und Malusanreize für die Leistungserbringer zu empfehlen, um Widerstände gegen die damit verbundene wachsende Transparenz zu überwinden. Die USA sind seit 2009 mit dem Health Information Technology for Economic and Clinical Health Act (HITECH) diesen Weg gegangen. Darüber hinaus sollten vermehrt digitale Versorgungsangebote erprobt werden können. Dazu ist die Innovationsoffenheit des Gesundheitswesens zu stärken. Neben einer hierfür nötigen Reform des Gemeinsamen Bundesausschusses (Stiftung Münch 2017a) sollte die Regulierungsdichte im Gesundheitswesen reduziert werden (Gesundheitswirtschaft rhein-main e.V. und Bank für Sozialwirtschaft 2017). Ohne ausreichend viele unternehmerische Freiheiten können Innovationen nur schwer ihren Weg in die Praxis finden.

Vor diesem Hintergrund ist eine weitere Verschärfung der Regulierung, wie sie zum Beispiel in der Krankenhauspflege mit Personalanhaltszahlen vorgesehen ist, kontraproduktiv. Statt unternehmerische Freiheit einzuschränken, sollte besser über Wettbewerbselemente Druck auf Leistungserbringer zur Erbringung einer guten Versorgungsqualität aufgebaut werden. So sollte sich die angestrebte umfassendere Qualitätstransparenz auch auf die Qualität der Pflege erstrecken. Darüber würden Krankenhäuser mit schlechter Pflege abgestraft werden. Denkbar wäre außerdem eine qualitätsorientierte Vergütung, die auch Aspekte der Pflegequalität berücksichtigt. Grundsätzlich ist aber dem gegenwärtigen und absehbaren Fachkräftemangel entgegenzuwirken. Dazu muss das vorhandene Pflegekräftepotenzial besser aktiviert sowie zusätzliche Menschen für den Pflegeberuf gewonnen werden, sowohl im Inland als auch im Ausland. Gleichwohl ist auch zu überlegen, wie durch moderne technische Hilfsmittel, beispielsweise Robotik und Sensorik, der Bedarf an Pflegekräften grundsätzlich reduziert werden kann. Denn es dürfte bei allen Anstrengungen trotzdem schwerfallen, den künftig weiter wachsenden Bedarf an Pflege im Krankenhaus und vor allem in Altenheimen ohne arbeitssparende Innovationen decken zu können.

Literatur

Amelung, V.E., D.P. Chase, D. Urbanski, N. Bertram und S. Binder (2016): Die elektronische Patientenakte – Fundament einer effektiven und effizienten Gesundheitsversorgung? Gutachten im Auftrag der Stiftung Münch. medhochzwei Verlag, Heidelberg.

Augurzky, B., S. Krolop, A. Pilny, Ch.M. Schmidt und C. Wuckel (2017): Krankenhaus Rating Report 2017: Strukturfonds – beginnt jetzt die große Konsolidierung? Heidelberg: medhochzwei.

Augurzky, B. und A. Pilny (2018): Der KHSG-Strukturfonds nach einem Jahr und Vorschlag zur Weiterentwicklung, in J. Klauber, M. Geraedts, J. Friedrich und J. Wasem (Hrsg.): Krankenhaus Report 2018, Schattauer Verlag.

Gesundheitswirtschaft rhein-main e.V. und Bank für Sozialwirtschaft (2017): Bürokratie und Deregulierung im Gesundheitswesen, von Boris Augurzky, Christian Binder und Christina Ruhrmann.

RWI (2018*): noch unveröffentlicht. Derzeit vertraulich. Ggf. zum Erscheinungstermin dieses Buches veröffentlicht.*

Statistisches Bundesamt (Hrsg.) (2018): Erwerbstätigenrechnung, Stand: 02.01.2018.

Stiftung Münch (2017a): Vorschläge zur Reform des Gemeinsamen Bundesausschusses: Gemeinwohlorientierung und Innovationsoffenheit stärken von Justus Haucap, Ferdinand Wollenschläger, Stephan Hartmann, http://www.stiftung-muench.org/wp-content/uploads/2017/05/16.pdf.

Stiftung Münch (Hrsg.) (2017b): Robotik in der Gesundheitswirtschaft – Einsatzfelder und Potenziale, von B. Klein, B. Graf, I.F. Schlömer, H. Roßberg, K. Röhricht und S. Baumgarten. medhochzwei Verlag, Heidelberg.

SVR (2017): Für eine zukunftsorientierte Wirtschaftspolitik, Jahresgutachten des Sachverständigenrates zur Begutachtung der gesamtwirtschaftlichen Entwicklung, Wiesbaden.

Günter Neubauer

Ambulante Notfallversorgung im bzw. am Krankenhaus

Der nachfolgende Beitrag gliedert sich in fünf Abschnitte. In einem ersten Abschnitt versuchen wir unsere Problemstellung in die größere Problematik der Reformbedürftigkeit der deutschen Gesundheitsversorgung einzuordnen. Ein zweiter Abschnitt ist der Mängelanalyse der derzeitigen ambulanten Notfallversorgung gewidmet. Dabei versuchen wir die Mängel aus den verschiedenen Perspektiven der Beteiligten zu betrachten. In einem dritten Abschnitt wollen wir die derzeit vielen und vielfältigen Vorschläge ordnen und inhaltlich skizzieren.

Schließlich soll dann in einem vierten Abschnitt gefragt werden, warum keine wettbewerbliche Reformlösung diskutiert wird und wie eine solche aussehen könnte. Den Abschluss bildet ein Ausblick auf den weiteren Verlauf des Diskussionsprozesses, der mutmaßlich im Jahr 2018 einen gewissen Abschluss finden wird.

1 Ausgangssituation: Diskrepanz zwischen Angebot und Nachfrage

Die ärztliche Notfallversorgung steht exemplarisch für die Strukturprobleme des deutschen Gesundheitswesens. Das Angebot bzw. die Versorgungsstruktur passt nicht zu der Nachfrage bzw. Bedarfsstruktur. Weitgehend bestimmt die gegebene Versorgungsstruktur die Versorgung der Patienten. Eine flexible Anpassung auf Veränderungen der Bedarfsstrukturen bzw. der Nachfrage fehlt. Nicht zuletzt ist es die staatliche Bedarfsplanung, die starre Strukturen gefördert hat, die dann nur langsam, wenn überhaupt, an die veränderte Nachfrage angepasst werden können. Ein Musterbeispiel hierfür ist die Krankenhausversorgung in Deutschland (vgl. Neubauer, G. 2017, S. 151 ff.).

Ähnlich verhält es sich mit der ambulanten Notfallversorgung. Auch hier werden Versorgungsstrukturen vorgehalten, die von den Patienten bzw. der Bevölkerung so nicht mehr akzeptiert werden und entsprechend umstrukturiert werden müssten. Die ambulante Notfallversorgung ist Aufgabe der niedergelassenen Vertragsärzte. Praktisch aber verlagert sich diese immer mehr zu den Krankenhäusern. Die

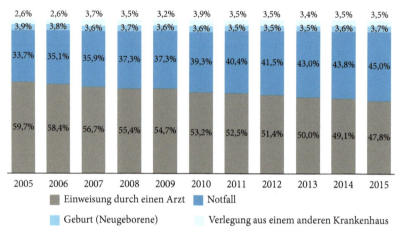

2,6%	2,6%	3,7%	3,5%	3,2%	3,9%	3,5%	3,5%	3,4%	3,5%	3,5%
3,9%	3,8%	3,6%	3,7%	3,6%	3,6%	3,5%	3,5%	3,5%	3,6%	3,7%
33,7%	35,1%	35,9%	37,3%	37,3%	39,3%	40,4%	41,5%	43,0%	43,8%	45,0%
59,7%	58,4%	56,7%	55,4%	54,7%	53,2%	52,5%	51,4%	50,0%	49,1%	47,8%
2005	2006	2007	2008	2009	2010	2011	2012	2013	2014	2015

■ Einweisung durch einen Arzt   ■ Notfall

■ Geburt (Neugeborene)   ■ Verlegung aus einem anderen Krankenhaus

Anmerkung: Aufnahmeanlass wird in §301-Datenübermittlung nach SGB V nicht abgebildet, er soll übermittelt werden, wenn Patientenbehandlung dieses Zusatzmerkmal enthält

Quelle: Krankenhaus Rating Report 2017; Statistisches Bundesamt 2015

Abb. 1: Zunehmende Bedeutung der Notfallbehandlungen im Krankenhaus 2005 bis 2015 in Prozent.
Quelle: Beivers, A. 2017, S. 4

Versorgungsstruktur folgt nicht der Nachfrage! Dies hängt nicht zuletzt von einer unklaren Definition des ambulanten Notfalls ab (vgl. Köster, C. et al. 2017, S. 9).

Eine Definition des Notfalls lautet: „ein Notfall besteht, solange ein Patient aus seiner Sicht unverzüglich medizinische Versorgung als nötig erachtet und noch kein Profi den Notfall ausgeschlossen bzw. erhärtet hat" (vgl. Schöpke, T. 2017, S. 413). Wer akute Rückenschmerzen hat, schwebt nach dieser Definition meist nicht in Lebensgefahr. Faktisch wird diese Definition von einem Teil der Bürger so nicht verstanden bzw. übernommen. Mehr als die Hälfte der Patienten, die eine Notaufnahme aufsuchten, bewerteten die Dringlichkeit ihrer ärztlichen Behandlung als niedrig und fallen damit nicht unter die obige Definition eines Notfalls. Individuelle Gründe wie Bequemlichkeitserwägungen, negative Erwartungen der Verfügbarkeit ambulanter Ärzte oder die Erwartung eine bessere Versorgung in der Notaufnahme eines Krankenhauses, spielen für viele Patienten eine wichtige Rolle (Scherer, M. et al. 2017, S. 645 ff.).

Tatsächlich steigen die Notfallbehandlungen stetig an, wobei im Jahr 2015 rund 70 Prozent der 29 Millionen ambulanten Notfälle in den Arztpraxen und 30 Prozent in den Notfallaufnahmen der Krankenhäuser behandelt wurden.

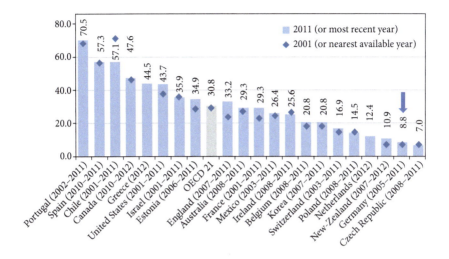

Abb. 2: Inanspruchnahme der Notaufnahme in Europa.
Quelle: Berchet, C. 2015, S. 9

Für die Krankenhäuser selbst werden die Notfallpatienten für die Belegung des Krankenhauses immer wichtiger. In den zehn Jahren von 2005 bis 2015 haben sich die Notaufnahmen von 30 Prozent auf 45 Prozent aller Krankenhauspatienten erhöht. Damit rekrutieren die Krankenhäuser rund neun Millionen Patienten über ihre Notaufnahmen (siehe Abb. 1).

Im internationalen Vergleich liegt Deutschland im unteren Drittel der OECD-Staaten bezogen auf den Anteil an der Bevölkerung, der in Notfallambulanzen von Krankenhäusern behandelt wird (siehe Abb. 2). Allerdings wird in der obigen Darstellung nicht berücksichtigt, dass Deutschland eine ausgebaute ambulante fachärztliche Versorgung vorhält, was in einer Reihe der Vergleichsländer nicht der Fall ist (vgl. Minartz, Ch. 2011, S. 242).

Als Fazit lässt sich festhalten: Versorgungsstruktur und faktische Nachfrage klaffen auseinander, was zu Ineffektivität und Ineffizienz führt!

2 Mängelbewertung aus Sicht der Beteiligten

In diesem Abschnitt verzichten wir auf eine eigene Bewertung der Mängel und geben an dessen Stelle die Einschätzung der wichtigsten Akteure hier wieder (vgl. hierzu auch Beivers, A. 2017).

2.1 Sicht der Krankenhäuser

Die Krankenhäuser beklagen vor allem die bislang mangelhafte Vergütung für ambulante Notfälle. Im MCK-DGINA Gutachten (Haas, C. et al. 2015, S. 5) wird errechnet, dass einer Vergütung von 32 Euro pro ambulanten Notfall insgesamt 120 Euro Kosten des Krankenhauses gegenüberstehen. Diese Vergütungslücke führt dazu, dass ambulante Notfälle für das Krankenhaus eine wirtschaftliche Belastung darstellen. Nicht ausgesprochen wird dabei, dass dies auch ein Grund für eine erhöhte Verlegung der ambulanten Notfälle in die stationäre Versorgung sein dürfte.

Die ab April 2017 eingeführte differenzierte Vergütung von ambulanten Notfällen kann die finanzielle Unterdeckung nur unbefriedigend bzw. nicht schließen. Neben einer Abklärungspauschale werden seitdem zwei verschiedene sogenannte Schweregradzuschläge geleistet. Die Abklärungspauschale gibt es für Patienten, die keine dringende Behandlung benötigen und rasch an einen niedergelassenen Vertragsarzt überwiesen werden können. Der diagnosebezogene Schweregradzuschlag ist an definierte Behandlungsdiagnosen mit erhöhtem Behandlungsaufwand geknüpft. Der personenbezogene zweite Schweregradzuschlag berücksichtigt erhöhten Aufwand aufgrund schwieriger Kommunikation, wie es z. B. bei dementen Patienten der Fall ist (vgl. Tief, R. 2018, S. 38 ff.).

Zwar erkennen die Krankenhäuser eine Verbesserung der Vergütung an, doch halten sie diese weiterhin für unbefriedigend. Erwünscht sind eine differenziertere Schweregradeinteilung sowie eine direkte Finanzierung durch die Krankenkassen und damit finanzielle Unabhängigkeit von den Kassenärztlichen Vereinigungen.

Aus sachlicher Sicht kompensieren die Notfallaufnahmen der Krankenhäuser die Schwächen der vertragsärztlichen Notfallversorgung. Zum einen kennen die Patienten oft nicht den Ort der Notfallpraxen, aber ziemlich genau die Adresse der Notfallaufnahme des nächsten Krankenhauses. Sodann fahren die Rettungsdienste bevorzugt Krankenhäuser an, weil sie sicher sind, dass ihre Patienten versorgt werden können. Schließlich nehmen auch viele Patienten an, dass die Notfallambulanz eines Krankenhauses eine höherwertige Versorgung anbieten kann als eine Notfallpraxis.

2.2 Aus Sicht der Kassenärztlichen Vereinigung(en) (KVen)

Die KVen, vertreten durch die Kassenärztliche Bundesvereinigung wollen an dem gesetzlichen Auftrag zur Sicherstellung der Notfallversorgung festhalten. Und da die Vergütung der ambulanten Notfälle am Krankenhaus von den KVen übernommen werden muss, sind sie auf eine Begrenzung der ambulanten

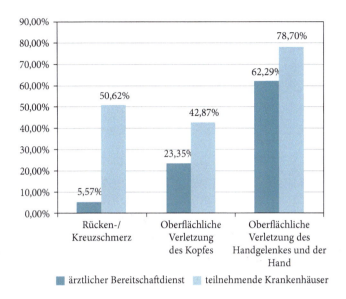

Abb. 3: Vergleich des Einsatzes von bildgebenden Verfahren bei ambulanten Notfallpatienten.
Quelle: Eigene Darstellung nach: Zentralinstitut für die kassenärztliche Versorgung 2016 und Haas, C. et al. 2015

Notfälle am Krankenhaus bedacht. Dies soll zum einen dadurch geschehen, dass die Notfallpraxen besser erreicht werden können, in das Krankenhaus verlegt werden, oder in der Nähe des Krankenhauses lokalisiert sein sollten.

Die Notfallversorgung durch das Krankenhaus wird per se als aufwendiger eingeschätzt als die in der Notfallpraxis. Begründet wird dies u. a. damit, dass die am Krankenhaus zur Verfügung stehende medizinische Infrastruktur exzessiv genutzt wird. Am Beispiel des Einsatzes von bildgebenden Verfahren lässt sich dies zeigen (siehe Abb. 3).

Auch werden die finanziellen Vorteile, die ein Krankenhaus indirekt durch die Notfallaufnahme erhält nicht berücksichtigt. Heute werden einem Krankenhaus ohne Notfallaufnahme vom Entgelt jedes einzelnen Patienten 50 Euro abgezogen, was den Umkehrschluss zulässt, dass Krankenhäuser für die Notfallversorgung pro Patient eine Zulage von 50 Euro erhalten. Diese Zulage wird für jeden stationären Patienten gewährt und ist nicht an die aktuellen Zahlen der Notfallpatienten gebunden. Je nach Rechnungsweise ergibt sich so ein Deckungsbeitrag pro ambulanten Notfallpatienten für das Krankenhaus zwischen 30 und 50 Euro (vgl. Neubauer, G. et al. 2016, S. 38).

Top 10	Risikobeschreibung
1	Kapazitätsgrenzen der Notfallaufnahme sind erreicht / Notaufnahme wurde "abgemeldet"
2	Weniger Patienten aufgrund von sinkenden Einweisungen durch niedergelassene Ärzte
3	Weniger Patienten aufgrund von sinkenden Einweisungen durch Rettungsdienste / Nothilfe
4	Der Basisfallwert steigt nicht wie erwartet
5	Fehlerhafte Kodierung – Leistungen werden zu niedrig abgerechnet
6	Mindetsmengen werden nicht erreicht – Schließung von "rentablen" Stationen / Indikation
7	Vakante Stellen in der Pflege / Fachkräftemängel
8	Betriebskosten werden durch DRG / Bewertungsrelationen / Basisfallwert nicht gedeckt
9	Leistung wird nicht abgerechnet / Es findet keine Kodierung statt
10	Überlastetes / unmotiviertes Personal beeinflusst das Behandlungsergebnis negativ

Abb. 4: Die wichtigsten 10 ökonomischen Krankenhausrisiken laut Befragung einer Krankenhaus- Expertengruppe.
Quelle: Helmers, V. 2016, S. 15

Schließlich wird den Krankenhäusern ein Eigeninteresse an der Notfall-versorgung vorgehalten. Schon heute rekrutieren die Krankenhäuser etwa die Hälfte aller stationären Behandlungsfälle aus der Notfallaufnahme. Dies erhöht zugleich den Grad der Unabhängigkeit von zuweisenden Vertragsärzten. Von daher kann es nicht verwundern, dass in einer Befragung von Krankenhausmanagern ein Ausfall der Notfallaufnahme zu dem größten wirtschaftlichen Risiko eines Krankenhauses erklärt wurde, wie die nachfolgende Abb. 4 zeigt.

2.3 Sicht der Krankenkassen

Für die Krankenkassen ist die Notfallversorgung in erster Linie Gegenstand ökonomischen Konflikts zwischen Vertragsärzten und Krankenhäusern. Statt die Leistungsbereiche von ambulanter und stationärer Patientenversorgung abzu-stimmen, wird über die finanzielle Verteilung der Mittel gestritten.

Richtig ist aber auch aus Sicht der Krankenkassen, dass die Patienten die Not-aufnahme einer Klinik bevorzugen, weil sie besser bekannt ist als die jeweilige Notfallpraxis. Bisherige Reformbemühungen blieben im Zuständigkeitsgestrüpp „Bund–Länder–Kommunen" stecken. Gefordert sind Vorgaben des Bundes (vgl. GKV Spitzenverband. 2017, S. 6 f.).

Eine teure Folge des ungehinderten Stromes der Patienten in die Notaufnahmen der Kliniken ist die stationäre Überversorgung in Deutschland. Statt einer Ambulantisierung der stationären Versorgung erleben wir eine Hospitalisierung der ambulanten Versorgung, was weder effektiv noch effizient ist!

3 Die Reformvorschläge im Überblick

Im Jahre 2017 erreichte die Diskussion über den Reformbedarf und notwendigen Maßnahmen einer Restrukturierung der ambulanten Notfallversorgung einen Höhepunkt (vgl. Augurzky, B. et al. 2017). Die Vielzahl der Vorschläge, die von nahezu jedem beteiligten Verband gemacht wurden, lassen sich in drei Gruppen sortieren (vgl. Wrede, B. 2017 S. 12). Aus Platzgründen wollen wir hier im nachfolgenden lediglich jeweils die Grundidee dieser drei Gruppen von Lösungsvorschlägen skizzieren, ohne auf die einzelnen Vorschläge einzugehen.

3.1 Regulative Lenkung der Patienten

Ein Schwerpunkt für eine gezielte Patientenlenkung ist die Schaffung einer zentralen Informationsstelle für alle Patienten. Die KBV unterstützt die Einrichtung einer Notruftelefonnummer, die für ganz Deutschland gilt. Mithilfe dieser Nummer soll direkt oder indirekt eine Notfallpraxis erreicht werden. Es soll sichergestellt werden, dass ein Patient im Notfall sofort eine kompetente erste Kontaktstelle in seiner Nähe erreichen kann. Es wird den Patienten nahegelegt erst danach, auf ärztlicher Empfehlung hin, die Notaufnahme eines Krankenhauses aufzusuchen. Zwar ist diese Reihenfolge nicht zwingend, doch erwünscht. Es wäre aber auch vorstellbar, dass es zur Pflicht gemacht wird, erst die Notfallnummer anzurufen, bevor man ein Krankenhaus aufsuchen darf!

Ein zweiter Ansatz besteht darin, die bereits bestehenden integrierten Leitstellen, besser personell und technisch auszurüsten, sodass eine kompetente Weiterleitung der Patienten zu einem geeigneten Vertragsarzt unverzüglich erfolgten kann. Und da die Leitstellen auch die Rettungsdienste lenken, wird dies mit der Hoffnung verbunden, dass diese erst zu den Bereitschaftspraxen fahren, bevor sie eine Krankenhausambulanz ansteuern. Zuweilen wird auch vorgeschlagen, Ärzte in den Leitstellen zu stationieren, sodass ein Arzt den Patienten auch direkt beraten und wenn nötig, weiterleiten kann, was für nicht-ärztliches Personal nur begrenzt erlaubt ist.

Generell wird es jedoch (noch!) abgelehnt, Patienten den Zugang zu verengen oder über eine Kostenbeteiligung zu lenken.

3.2 Vorschläge zu einer integrierten Notfallversorgung

Gemein ist diesen Vorschlägen, dass die Notfallversorgung durch niedergelassene Ärzte und Krankenhäuser als eine Einheit gedacht wird. Besonders prominente Vorschläge hierzu wurden vom Marburger Bund zusammen mit der Kassenärztliche Bundesvereinigung (2017 S. 1 ff.) und vom Sachverständigenrat beim Gesundheitsministerium (2017) gemacht.

Zentrale Organisationseinheit der integrierten Notfallversorgung ist eine integrierte Notfalleinheit, die von niedergelassenen Ärzten und Krankenhausärzten gebildet wird. In dieser Notfalleinheit entscheidet sich, ob der Patient in der Notfallpraxis oder in der Notfallaufnahme einer Klinik behandelt wird. Anschaulich dargestellt wird das integrative Reformkonzept in einem Beitrag des AOK-Bundesverbandes in der Zeitschrift Gesundheit und Gesellschaft (vgl. Malzahn, J. et al. 2017 S. 23 ff). Dort wird eine integrierte Leitstelle mit einer integrierten Notfalleinheit in einem Reformkonzept zusammengefasst und der Ablaufprozess strukturiert beschrieben.

Als Notfalleinheit, die zuerst den Patienten sieht, werden oft Portalpraxen am Krankenhaus vorgeschlagen. So wird z. B. von der Kassenärztliche Vereinigung Bayern geplant, dass in Bayern für 42 Planungsbereiche ca. 110 flächendeckende Bereitschaftspraxen die Notfallversorgung übernehmen. Standort der Bereitschaftspraxen ist immer unmittelbar an oder in einer Klinik mit Notfallambulanz (Schmelz, P. 2017 S. 8). Dieser Vorschlag stößt jedoch auf Kritik der Krankenhausseite, da die Krankenhäuser, bei denen keine Bereitschaftspraxis eingerichtet wird, befürchten, von Patientenzuflüssen abgeschnitten zu werden.

Die meisten Vorschläge zur Integration betonen, dass weiterhin alle Krankenhäuser eine Notfallaufnahme betreiben können, jedoch die Patienten eine organisierte integrative Versorgung als Regellösung im Notfall angeboten erhalten. Es bleibt also der Entscheidung der Patienten vorbehalten, ob sie die integrierte Notfallversorgung auch nutzen wollen.

Ob die Integrationsmodelle ohne ökonomische Anreize für die Patienten erfolgreich sein werden, muss bezweifelt werden. Damit ist die Frage der Finanzierung eng verbunden.

3.3 Vorschläge zur Finanzierung

Vorschläge, die auf ein integriertes, eigenständiges Notfallzentrum abzielen, fordern in der Regel eine eigenständige Finanzierung direkt über die Krankenkassen. Doch auch ein eigenes Budget, aus dem dann die jeweiligen Leistungserbringer, seien es Vertragsärzte oder Krankenhäusern vergütet werden, wird an einigen Stellen vorgeschlagen. Auf Widerstand stoßen diese Vorschläge bei der KV dann, wenn die Finanzmittel aus den bisherigen Budgets der KVen abgezogen werden sollen.

Die Krankenhäuser wiederum fordern eine kostendeckende Vergütung ihrer Aufwendungen für die ambulante Notfallversorgung. Dazu soll, je nach Fallschwere eine abgestufte Vergütung etabliert werden, die in Anlehnung an das DRG-Entgeltsystem entwickelt werden könnte. Dieser Forderung hat auch der Gesetzgeber Gehör geschenkt, indem er den Gemeinsamen Bundesausschuss beauftragt hat, einen entsprechenden Vorschlag zu entwickeln. Darüber hinaus sollen die Krankenhäuser selbst dann danach eingestuft werden, welchen Schweregrad an Notfallpatienten aufgrund ihrer Ausstattung sie behandeln und abrechnen dürfen und welche Patienten sie weiterleiten müssen.

Gefordert wird ein Notfallversorgungsgesetz, das zum Ziel haben muss eine effiziente, am Patientenwohl orientierte, Notfallversorgung sicherzustellen. Partikularen Interessen der unterschiedlichen Beteiligten darf nicht nachgegeben werden. Es gilt alle Beteiligten, den Rettungsdienst, die Vertragsärzteschaft und die Krankenhäuser, aber auch die Bundesländer und die Kommunen zusammenzuführen. Ob dies in einem administrativen Rahmen gelingt, bezweifeln wir und setzen dem einen wettbewerblich orientierten Entwurf entgegen!

4 Warum keinen wettbewerblichen Reformeransatz wagen?

Wenn den Patienten im Notfall mehreren Möglichkeiten geboten werden, sich behandeln zu lassen, ist ein Wettbewerb der alternativen Notfalleinrichtungen unvermeidbar. Und genau dies ist derzeit in Deutschland der Fall. Von daher ist es schwer verständlich, weshalb alle Reformvorschläge eine wettbewerbliche Konzeption ausschließen. Andererseits beinhalten einige Vorschläge durchaus wettbewerbliche Instrumente, wie Zuzahlungen oder andere Formen der Kostenbeteiligung für die Nutzer.

Doch eine durchgängige wettbewerbliche Reformoption wird derzeit in Deutschland nicht diskutiert. Wir wollen im Folgenden wettbewerbliche Reformoptionen skizzieren, wohl wissend, dass die Diskussion, ob Wettbewerb generell in der Gesundheitsversorgung und im Besonderen in der Notfallversorgung zu wünschenswert Ergebnissen führt, noch im vollen Gange ist. Es braucht nicht hervorgehoben zu werden, dass der Verfasser eine wettbewerbliche Reformoption, trotz Kenntnis der Gegenposition, für möglich, ja notwendig hält.

4.1 Koordinierter Wettbewerb statt quasi-staatlicher Monopolisierung

Wie oben schon angemerkt ist die derzeitige Notfallversorgung in Deutschland dadurch gekennzeichnet, dass zu wenig geregelt und zu viel reguliert wird.

Dies beginnt bereits bei den Rettungsdiensten, die bei einem Notfallruf sich oft nebeneinander zum Unfallort bewegen. Die kommunalen Lizenzverfahren für die verschiedenen Rettungsdienste sollten stärker die übrigen Beteiligten, nämlich die Krankenhäuser und KVen sowie die Krankenkassen in das Verfahren miteinbeziehen. Dadurch erfolgt von vornherein ein stärkerer integrativer Ansatz. Die Lizenzvergabe selbst muss für begrenzte Zeiträume nach Regeln der öffentlichen Ausschreibung erfolgen. Alle Unternehmen, welche die erforderliche Qualität nachweisen, müssen die gleichen Chancen im Ausschreibungsprozess haben. So lässt sich wettbewerbliche Effizienz mit Versorgungssicherheit auf kommunaler Ebene verbinden.

Der heute verdeckt stattfindende Wettbewerb der Krankenhäuser um Notfallpatienten, bedarf ebenfalls klarer wettbewerblicher Regeln, aber keiner staatlichen Regulierung! Dies trifft weniger intensiv auf die vertragsärztliche Versorgung zu, da die aufkommende Knappheit an Ärzten und die weniger attraktive Vergütung hier wenige Wettbewerbsimpulse auslösen. Doch wollen wir weiter unten zeigen, dass dies zwar für die konventionelle, nicht aber für die sich rasch entwickelnde digitale Versorgung zutrifft.

Für die Krankenhäuser muss der Grundsatz gelten, wer die qualitativen Bedingungen erfüllen kann, darf auch Notfallversorgung anbieten. Hierzu sind die technischen und personellen Voraussetzungen und die zu erbringenden Leistungen zu differenzieren und spezialisieren, bezogen auf die ambulante Notfallversorgung. Die bestehenden Vorgaben für die stationäre Notfallversorgung wären entsprechend abzustimmen.

Die zu bildenden ambulanten Notfall-Leistungsgruppen wären gleich zu vergüten, unabhängig davon wer diese erbringt. Den Krankenkassen wird das Recht zu selektiven Verträgen mit einzelnen Leistungserbringern oder Gruppen von diesen eingeräumt, sodass die einheitliche Vergütung entsprechend ausdifferenziert werden könnte. In diese Selektivverträge der Krankenkassen können auch regionale Ärztenetze oder Medizinische Versorgungszentren sowie einzelne Arztpraxen eingebunden werden.

Es tut dem Wettbewerb keinen Abbruch, wenn die KVen einzelne Krankenhäuser zu präferierten Vertragspartnern wählen, an denen sie Bereitschaftspraxen einrichten wollen.

Alle diese vertraglichen Vereinbarungen, so auch die Selektivverträge der Krankenkassen, können vorsehen, dass Patienten nur dann einen kostenfreien Zugang zu einer Krankenhausambulanz erhalten, wenn sie vorher über eine telefonische Triage abklären ließen, dass das Aufsuchen einer Klinikambulanz zweckmäßig und wirtschaftlich ist.

Solange den Patienten keine monopolisierte Versorgungsstruktur vorgegeben wird, sondern die Patienten Wahlmöglichkeiten haben, auch wenn diese regional begrenzt sind, bleibt der Effizienzdruck des Wettbewerbs erhalten, den ein monopolisiertes Versorgungssystem nicht kennt und nicht zulässt. Konkurrenz kann aber in einer mobilen, transparenten, digitalisierten und freien Gesellschaft nicht ausgeschlossen werden.

4.2 Preisliche Steuerung statt administrativer Regulierung

Voraussetzung für eine preisliche Steuerung ist es, dass die Leistungen erst einheitlich definiert und dann im Wettbewerb mit Preisen bewertet werden. Eine einheitliche Leistungsdefinition muss keine einheitlichen Preise zur Folge haben. In einem Wettbewerbsprozess werden physisch gleiche Leistungen in aller Regel mit unterschiedlichen Preisen gehandelt, weil z. B. persönliche Präferenzen, aber auch die Servicequalität und Leistungsqualität von den Patienten unterschiedlich bewertet werden.

Vor diesem Hintergrund sollte auch den Notfalleinrichtungen, insbesondere den Kliniken die Möglichkeit eingeräumt werden, für bestimmte, nicht notwendige medizinische Leistungen eine zusätzliche Vergütung zu verlangen. So sollte es möglich werden, dass Patienten, die ohne objektiven Befund die Notfallversorgung aufsuchen, einen bestimmten Anteil der ausgelösten Kosten direkt zu übernehmen haben. Mehrerlöse verbleiben bei den Leistungserbringern.

Mit einer begrenzten Autonomie für Notfalleinrichtungen zur Preisfestsetzung können einzelne Krankenhäuser auch direkt Patientenströme lenken. Aufgabe einer Aufsichtsbehörde wäre dabei sicherzustellen, dass einerseits immer die Versorgung gewährleistet bleibt und andererseits kein Machtmissbrauch aufgrund einer regionalen Monopolstellung erfolgt.

4.3 Öffnung der Notfallversorgung für Außenseiter

Wirksamer Wettbewerb kennt sowohl Austritt als auch Eintritt in den Markt. Derzeit ist vor allen Dingen der Eintritt in die Versorgung erschwert bzw. unmöglich gemacht. Für die Notfallversorgung bieten im Ausland schon heute medizinisch orientierte Unternehmen ärztliche Konsultation als telemedizinische

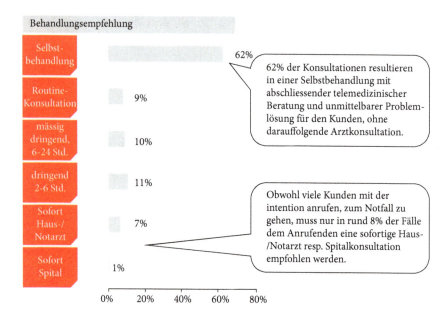

Abb. 5: Telemedizinische Beratung zur Selbstbehandlung: Ergebnisse aus der Schweiz (Medi24).
Quelle: Eggli, A. (2017) S. 19

Dienstleistung für Patienten an, die die Bedingungen für eine Triage und erste Notfallversorgung erfüllen!

Erfahrungen aus der Schweiz zeigen, dass ein Großteil der Anrufenden nach der telemedizinischen Konsultation eine Selbstbehandlung übernehmen und nur in acht Prozent der Anrufe muss eine sofortige Notarzt- bzw. Spitalkonsultation empfohlen werden. In der nachfolgenden Abb. 5 geben wir die Ergebnisse des schweizerischen Unternehmens Medi24 wieder.

Mittlerweile wird auch in Deutschland der Weg für eine ähnliche telemedizinische Konsultation freigeräumt. So hat z. B. die Landesärztekammer in Baden Württemberg einem privaten Telemedizin-Unternehmen erlaubt, eine telemedizinische Konsultation, wenn auch eingeschränkt für Privatpatienten, durchzuführen (vgl. Fabian, M. 2017 S. 6). Die Chancen, die sich daraus für eine Reorganisation der Notfallversorgung ergeben, sind bislang noch nicht in den Fokus gerückt.

Unterstützung für eine telemedizinische Notfallversorgung kann auch eine elektronische Patientenakte geben, auf der die Notfall relevanten Daten in einem eigenen Segment gespeichert sind. Erlaubt der Patient dem beratenden Arzt den Zugriff, kann dieser datengestützt, qualifiziert helfen. Schon heute wäre ein großer Teil der Bevölkerung bereit, entsprechende Notfalldaten, elektronisch gespeichert, vorhalten zulassen. Auch hier steht das System der Gemeinsamen Selbstverwaltung, ähnlich wie bei der elektronischen Gesundheitskarte sich selbst im Wege.

4.4 Laienhilfe bei Notfällen intensivieren und integrieren

Laienhilfe kann in vielen akuten Notfällen lebensrettend sein. In der Regel befinden sich in Notfällen eher Laien in der Nähe des Patienten als Ärzte oder gar Krankenhäuser. Von daher ist frühe Erste Hilfe durch Laien ein nicht ersetzbarer, wichtiger Teil einer jeden Notfallversorgung. Nach Angaben des Deutschen Rates für Wiederbelebung leiten Laien nur in etwa 30 Prozent der Fälle eine Wiederbelebung ein. 10.000 Leben könnten jedes Jahr gerettet werden, wenn sofort mit einer Herzdruckmassage begonnen würde.

Zur Stärkung der Laienhilfe ist zum einen das Wissen und die Fähigkeit der Bevölkerung zur Ersten Hilfe zu fördern und zum anderen die Hilfsbereitschaft im Notfall durch ökonomische Anreize zu unterstützen. Um das Wissen und die Fähigkeiten zur Ersten Hilfe voranzubringen sind sämtliche Ausbildungs- und Bildungseinrichtungen vom Kindergarten bis zur Universität, aber auch die Betriebe, Behörden und Verwaltungen, aufgerufen entsprechende Kurse anzubieten. Auch die digitalen Medien können zur Information vor allem von jüngeren Leuten beitragen. So können entsprechende Apps mit programmierten Anwendungsfällen im Alltag gegenwärtig sein und im Notfall schnell Rat geben.

Bei den ökonomischen Anreizen ist zuerst darüber zu informieren, dass entstehende Kosten voll erstattet werden und etwaige persönliche Risiken versichert sind. Darüber hinaus aber ist das Bewusstsein zu schärfen, dass durch eine frühe Laienhilfe in der Gesundheitsversorgung Kosten eingespart werden können. Dies wird auch dadurch transparent, wenn in der professionellen Notfallversorgung Kostenbeteiligungen bekannt sind, weil diese in definierten Fällen verlangt werden. Darüber hinaus ist es überlegenswert, ob die Krankenkassen nicht in definierten Erste Hilfeeinsätzen den Laien-Helfern, über die bloße Sachkostenerstattung hinaus, eine pauschalierte Zeitkostenerstattung gewähren sollten.

Insgesamt ist eine Notfallversorgung, die dem Laiensystem nicht die entsprechende Aufmerksamkeit widmet und diese nicht in das Versorgungsnetz der professionellen Hilfeinrichtungen einbezieht suboptimal. Eine integrierte Notfallversorgung muss also deutlich weiter gedacht werden, als dies derzeit in Deutschland diskutiert wird.

5 Ausblick

Als Fazit halten wir fest, dass die Notfallversorgung in Deutschland auch in absehbarer Zeit konkurrierende Beziehungen beinhalten wird. Aus diesem Grunde schlagen wir vor, das System nicht durch staatliche Regulierung zu monopolisieren, sondern die vorhandenen wettbewerblichen Ansätze ordnungspolitisch zu regeln und die Effizienz des Wettbewerbs für das System zu nutzen. In das System der Notfallversorgung muss die Erste Hilfe bzw. das Laiensystem als konstitutiver Teil einbezogen werden. Hier weist die derzeitige Diskussion eine empfindliche Lücke auf.

Schließlich müssen die neuen Möglichkeiten, die die Digitalisierung der Medizin sowie der Kommunikationswege bieten, gerade in der Notfallversorgung vorrangig verstärkt genutzt werden. Noch bestehende rechtliche Hindernisse und technologische Lücken, im Vergleich zum Ausland, sind in dieser Legislaturperiode rasch und intensiv zu beseitigen. Ein wettbewerblich organisiertes System würde diese Mängel aus sich heraus beheben, unser überreguliertes System (Investitionsförderung!) hingegen braucht leider staatliche Hilfe.

Literatur

Augurzky, B., Beivers, A., Dodt, C. (2017): Handlungsbedarf trotz Krankenhausstrukturgesetz: Elf Thesen zur Reform der Notfallversorgung, in: RWI Positionen, No. 68.

Beivers, A. (2017): Weg mit den Sektoren: Thesen für eine optimierte Notfallversorgung. Vortrag auf dem 16. Europäischen Gesundheitskongress 2017, München.

Berchet, C. (2015): Emergency Care Services: Trends, Drivers and Interventions to Manage the Demand, OECD Health Working Papers, No. 83, OECD Publishing, Paris.

Deutscher Rat für Wiederbelebung. URL: https://www.grc-org.de/; aufgerufen am 12.02.2018.

Eggli, A. (2017): Medi24 – Fernberatung in der Schweiz. Vortrag auf dem 16. Europäischen Gesundheitskongress 2017, München.

Fabian, M. (2017): Umgang mit dem Fernbehandlungsverbot in Baden-Württemberg. Vortrag auf dem 16. Europäischen Gesundheitskongress 2017, München.

GKV Spitzenverband (2017): Neustrukturierung der Notfallversorgung. Positionspapier des GKV Spitzenverbandes, Berlin.

Haas, C., Larbig, M., Schöpke, T., Lübke-Naberhaus, K.-D., Schmidt, C., Brachmann, M., Dodt, C. (2015): Gutachten zur ambulanten Notfallversorgung im Krankenhaus – Fallkostenkalkulation und Strukturanalyse der Management Consult Kestermann GmbH (MCK) erstellt in Kooperation mit der Deutschen Gesellschaft interdisziplinäre Notfall- und Akutmedizin e. V. (DGINA), Hamburg.

Helmers, V. (2016): Identifikation und Bewertung von Frühindikatoren für ökonomische Risiken eines Krankenhauses und deren Management. Master Thesis, München.

Köster, C., Wrede, S., Herrmann, T., Meyer, S., Willms, G., Broge, B., Szecsenyi, J. (2016): Ambulante Notfallversorgung. Analyse und Handlungsempfehlungen, in: AQUA-Institut für angewandte Qualitätsförderung und Forschung im Gesundheitswesen GmbH (Hrsg.), Göttingen.

Malzahn, J., Slowik, M. (2017): Erste Hilfe für den Notfall, in: Gesundheit und Gesellschaft, Jg. 20, 10/2017.

Marburger Bund, Kassenärztliche Bundesvereinigung (2017): Integrative Notfallversorgung aus ärztlicher Sicht – Konzeptpapier von KBV und Marburger Bund, Berlin, S. 1–5.

Minartz, Ch. (2011): Organisation und Struktur der fachärztlichen Versorgung in Deutschland. Eine gesundheitsökonomische Analyse und Bewertung sowie Ansätze zur Optimierung, Verlag Dr. Kovac, Hamburg.

Neubauer, G. (2017): Die Krankenhauslandschaft 2030 in Deutschland, in: Krankenhaus-Report 2017, Berlin, S. 151–165.

Neubauer, G., Minartz, C., Niedermeier, C. (2016): Kritische Analyse des „Gutachtens zur ambulanten Notfallversorgung im Krankenhaus – Fallkostenkalkulation und Strukturanalyse" der MCK in Kooperation mit der DGINA vom 17.02.2015. Expertise für das Zentralinstitut für die kassenärztliche Versorgung (Zi), München.

Sachverständigenrat zur Begutachtung der Entwicklung im Gesundheitswesen (2017): Pressemitteilung zum Werkstattgespräch 2017 „Die Zukunft der Notfallversorgung in Deutschland", Bonn/Berlin, URL: http://www.svr-gesundheit.de/fileadmin/user_upload/2017_09_07_Pressemitteilung_SVR_Werkstattgespraech.pdf; aufgerufen am 12.02.2018.

Scherer, M., Lühmann, D., Kazek, A., Hansen, H., & Schäfer, I. (2017): Patients Attending Emergency Departments: A Cross-sectional Study of Subjectively Perceived Treatment Urgency and Motivation for Attending, in: Deutsches Ärzteblatt International, 114, S. 645–652.

Schmelz, P. (2017): Notfallversorgung: Pläne der Kassenärztlichen Vereinigung Bayners. Vortrag auf dem 16. Europäischen Gesundheitskongress 2017, München.

Schöpke, T. (2017): Besserung, keine Heilung, in: führen und wirtschaften im Krankenhaus, Jg. 34 Nr. 5/17, S. 411–413.

Tief, R. (2018): Ambulante Notfallversorgung im Krankenhaus, in: KU Gesundheitsmanagement, 01/2018, S. 38–40.

Wrede, B. (2017): Zwischen Anspruch und Wirklichkeit – Sicherstellung der ambulanten Notfallversorgung. Vortrag auf dem 16. Europäischen Gesundheitskongress 2017, München.

Zentralinstitut für die kassenärztliche Versorgung (2016), Auswertung auf Basis der bundesweiten vertragsärztlichen Abrechnungsdaten aus dem Jahr 2015, Berlin.

Eibo Krahmer

Krankenhausmanagement 2017 in Deutschland – Quadratur des Kreises?

Egal in welche Branche man dieser Tage schaut, so ist Wandlungsfähigkeit das Gebot der Stunde, sind „Digitalisierung" und „Disruption" die Schlagworte, die nach oder neben „Globalisierung" wesentlich die Schlagzeilen bestimmen. Doch haben sich mit den „D"-Worten letztlich lediglich Techniken geändert bzw. sind weiterentwickelt worden, während der Kern eines Handelns, das Prinzip der Erzielung, Optimierung oder gar Maximierung eines ((gesamt-)wirtschaftlichen oder persönlichen) Nutzens stets gleich geblieben ist. Ebenso gleich geblieben sind die Bemühungen, in einer stets komplexer werdenden Welt durch (möglichst einfache) Modelle die Interdependenzen einzelner Faktoren oder Akteure zu beschreiben und dadurch Übersicht und damit Steuerungs- und Handlungsfähigkeit zu erlangen und zu behalten. Steuerungs- und Handlungsfähigkeit zu erhalten und sie auch in tatsächliche Handlungen umzusetzen, sind wiederum die Aufgaben des „Managements".[1]

Im „Produktionsmanagement", also der Management-Disziplin, die sich mit der Steuerung der industriellen Produktion beschäftigt wurde schon vor langer Zeit der Begriff des „Magischen Dreiecks" aus Kosten, Zeit und Qualität geprägt. Ausgedrückt werden soll mit diesem einfachen Modell, dass diese drei Faktoren unmittelbar voneinander abhängen: Soll z. B. bei gleicher verfügbarer Technologie ein Produktionsgut bei konstanter Qualität in kürzerer Zeit hergestellt werden, steigen die Kosten. Oder auch: Werden Kosten und verfügbare Zeit reduziert, bleibt dies – wiederum bei gleicher verfügbaren Technologie – nicht ohne Auswirkungen auf die Qualität.

---

[1] Auf eine Diskussion verschiedener Managementansätze einschließlich Fragen zu selbstorganisierenden oder gar gesellschaftlichen Systemen soll an dieser Stelle verzichtet, aber gleichzeitig festgehalten werden, dass allein schon aus Gründen der bzw. Fragen zur „Letztverantwortung" wie sie auch bei medizinischen Entscheidungen üblich sind, medizinische Organisationen zu einem streng hierarchischen Aufbau tendieren.

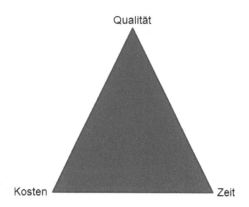

"Das magische Dreieck"

Abb. 1: „Das magische Dreieck"

„Qualität" ist dabei im Umfeld dieses Modells regelmäßig noch sehr einfach messbar oder überprüfbar. Genügt das Produkt seiner technischen Spezifikation, besitzt es automatisch die geforderte Qualität. Aber auch schon hier liegt „die Qualität" im Auge des Betrachters: Ist die (technische) Spezifikation aus Sicht einer anderen Person, z. B. eines Benutzers, der nicht auch der Konstrukteur oder „Spezifizierer" war, „falsch" („Ich hätte lieber ein Auto, das während des Betriebs keinerlei Emissionen abgibt.") oder „unvollständig" („Die Mikrowelle soll bitte so konstruiert sein, dass sie meinen Hund nicht verletzt, wenn ich ihn zum Trocknen hineinstelle."), so wird im Zweifelsfall von einer „zu geringen Qualität" oder einem Produktfehler gesprochen.

Interessanterweise wurde im „Projektmanagement" der Softwareentwicklung das „Magische Dreieck" zum „Teuflischen Quadrat" weiterentwickelt. Interessant ist dies deshalb, weil den drei oben genannten Faktoren noch die Modelldimension der „Funktionalität" hinzugefügt wurde. „Qualität" im Sinne von Erfüllung der Spezifikation und „Funktionalität" im Sinne der Nutzungsmöglichkeiten wurden damit voneinander getrennt. Ein aus Sicht eines Benutzers „funktionaler Mangel" war damit aus Sicht der Programmierung („der Produktion") kein „Qualitätsmangel", solange die Spezifikation eingehalten war. Jedoch: Der Benutzer beurteilt eine Software – wie auch Produkte aus der Domäne des „Produktionsmanagements" – nach dem Nutzen, den er ihr beimisst. Erfüllt sie aus seiner Sicht ihren Zweck nicht – hat also nicht die gewünschte (umfängliche) Funktionalität trotz „korrekter Funktion" der vorhandenen Funktionalität –, so hat ist sie für ihn „unbrauchbar".

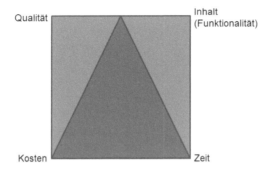

Abb. 2: „Das teuflische Quadrat"

Bezeichnet wird sie dann dennoch aber häufig als „mangelhaft": Dies öffnet die juristische Tür, den Konstrukteur oder den Programmierer zu belangen, ihm weniger oder gar nichts für die von ihm ansonsten unzweifelhaft erbrachte (zeitliche) Leistung zu bezahlen. Angesichts der Komplexität moderner Softwaresysteme und Softwareprojekte wurde und wird in juristischen Auseinandersetzungen darüber häufig statt eines Urteils ein „Vergleich" zwischen Parteien getroffen. Und dies, obwohl anhand von „guten" Spezifikationen sich noch (relativ) eindeutig nachvollziehen und damit beweisen lässt, was „Kunde" und „Produzent" bei Beginn eines (Software-Entwicklungs-) Projektes gewollt hatten.

Der Wahrheitsfindung in diesen Fällen kommt auch zugute, dass technische Disziplinen allgemein mit den „präzisen" Disziplinen der Mathematik, Chemie und Physik eng verwandt sind und daher „Beweismittel" wie Messungen oder Spezifikationen nicht oder nur selten erfolgreich in Zweifel gezogen werden. Darüber hinaus sind Ergebnisse oder Produkte zumeist „reproduzierbar" (was u. a. ihre Prüfung unter Inkaufnahme ihrer Zerstörung erlaubt) und zum anderen ziehen die in solchen Fällen Beteiligten nicht die (technischen und mathematischen) Bewertungs- und Beurteilungsgrundlagen aus Partikularinteressen oder unter Berufung auf ethische oder moralische Anforderungen oder Bedenken in Zweifel.

Was haben nun diese Betrachtungen mit Krankenhausmanagement in Deutschland im Jahr 2017 zu tun oder überhaupt mit Management?

Ein (juristischer) Streitfall ist – von gewaltsamen Auseinandersetzungen abgesehen – der ultimative Test für alle zuvor getroffenen Regelungen, Richtlinien, Gesetze, o.ä., weil die Auseinandersetzung das sichtbare Zeichen dafür ist,

dass „jemand" mindestens „glaubt", dass „ein anderer" sich nicht „daran" gehalten hat und nun ihre Durchsetzung und wo möglich noch eine „Entschädigung"
für das ihm vermeintlich zugefügte „Unrecht" verlangt. Ein Regelungsrahmen
und dessen effektive Durchsetzung sind auch notwendig: Auf der (weit überwie-
genden) Einhaltung von Regelungen durch die Mehrzahl aller Beteiligten beruht
wiederum die Funktion von (komplexen) Systemen – Softwareprodukten wie
ganzen Gesellschaften.

Die Einhaltung von Regelungen, die im jeweiligen Rechtsrahmen für eine
Gesellschaft bzw. einen Staat oder eine Staatengemeinschaft gelten, bzw.
dafür „Sorge zu tragen", dass eine Organisation, die von ihnen geführt und
vertreten wird, ist damit auch integraler Bestandteil der Aufgaben von Füh-
rungskräften und damit „des Managements". Der Rechtsrahmen legt den
Handlungs- und Entscheidungsspielraum maßgeblich fest. Gleichzeitig hat
„das Management" regelmäßig (auch) den Auftrag, dafür zu sorgen, dass die
Leistung bzw. der Zweck einer Organisation mit möglichst geringem oder
zumindest limitiertem Mitteleinsatz erfüllt wird. Erfüllt „Management" seine
Aufgabe erfolgreich, sorgt es für die „optimale" Erfüllung dieses Auftrages,
d.h. unter Einhaltung aller durch Rechtsrahmen und Ressourcen vorgegebenen Randbedingungen.

Unterstellt man nun, dass wie in den Bereichen der (industriellen) Produktion
oder dem (Software-) Projektmanagement auch die Aufstellung eines Modells
für „Krankenhausmanagement in Deutschland 2017" möglich ist[2], gilt auch
hierfür eine allgemeine Regel aller Management-/Optimierungsmodelle: „Wenn
in einem Optimierungsmodell die Zahl der begrenzenden Randbedingungen
stetig erhöht wird, steigt auch stetig die Wahrscheinlichkeit, dass die Lösungsmenge leer ist."

Aus Sicht des Autors ist das „System" der Gesundheitsversorgung insgesamt
und damit des Teilsystems „Krankenhaus in Deutschland 2017" zumindest teilweise schon jetzt und auch mit zunehmender Geschwindigkeit auf den Weg in
eine solche Situation.

Ursache ist der hinlänglich bekannte, immanente System-Konflikt der oben
genannten notwendigen Ressourcenlimitierung für das Funktionieren des
Systems insgesamt bei gleichzeitigem (politischen) Versprechen und häufig
individuellem Wunsch nach unlimitiertem Ressourceneinsatz bzw. (teilweise

---

2   Würde behauptet, es gäbe ein solches spezielles (Management-)Modell nicht, würde
    daraus folgen, dass es keine Steuerungsmöglichkeit für dieses spezielle System gäbe.

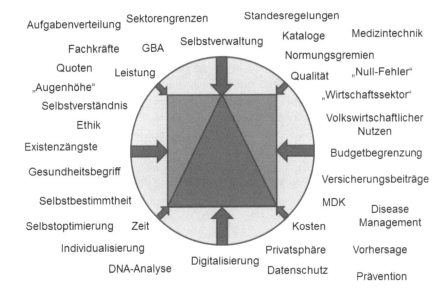

Aufgabenverteilung   Sektorengrenzen   Standesregelungen

Fachkräfte   GBA   Selbstverwaltung   Kataloge   Medizintechnik

Quoten   Leistung   Normungsgremien

„Augenhöhe"   Qualität   „Null-Fehler"

Selbstverständnis   „Wirtschaftssektor"

Ethik   Volkswirtschaftlicher Nutzen

Existenzängste   Budgetbegrenzung

Gesundheitsbegriff   Versicherungsbeiträge

Selbstbestimmtheit   MDK

Selbstoptimierung   Zeit   Disease Management

Individualisierung   Privatsphäre   Vorhersage

DNA-Analyse   Digitalisierung   Datenschutz   Prävention

Kosten

Abb. 3

unbestimmter) „maximaler" „Qualität" im Einzelfall. Dieser Widerspruch kann nur gesellschaftspolitisch aufgelöst werden.[3]

Die (monetäre) Ressourcenlimitierung ist durch die „Budgetierung" oder „Budgetdeckelung" realisiert. Die Argumente für und wider der Einführung der Abrechnungssystematik mit Hilfe von Fallpauschalen im Sektor der stationären Gesundheitsversorgung in Deutschland sollen hier trotz der aktuellen Diskussion um die – die Systematik von „Pauschalen"(!) ad absurdum führende – Ausgliederung von Teilen der Personalkosten aus eben diesen Pauschalen nicht wiederholt werden. Da die Einführung der Fallpauschalen jedoch gerade der Ressourcenlimitation diente, nachdem zuvor von demokratisch legitimierten Instanzen erkannt bzw. beschlossen worden war, dass in der Abrechnungssystematik tagesgleicher Pflegesätze mit Selbstkostendeckungsprinzip eine wirksame Ressourcenlimitierung fehlte, kann jedoch die Frage aufgeworfen werden, warum die volkswirtschaftlich unerwünschten Entwicklungen und Ereignisse, die eben zur Einführung der Pauschalierung führten, sich bei ihrer Aufhebung nicht wiederholen sollten.

---

3   Wobei gleichzeitig die Frage beantwortet werden sollte, ob es nicht insgesamt sinnvoller ist, „Gesundheitserhaltung" zu fördern und zu finanzieren als „Krankheitsbeseitigung".

Teil der Antwort auf diese Frage könnte sein, dass anders als in den Anfangs-
jahren des deutschen DRG-Systems heute eine wesentlich breitere Datenbasis
zur Verfügung stehe, die zu einer fruchtbaren wissenschaftlichen Diskussion,
Erkenntnisfindung und politischen Beratung geführt habe. Außerdem lägen
durch intensive Beobachtungen und Vergleiche der Organisation (oder
auch: dem makroskopischen „Management") der Gesundheitssysteme diverser
anderer Staaten oder Regionen mittlerweile Erkenntnisse zu systemischen Wir-
kungsweisen vor, die helfen, „unerwünschte Nebenwirkungen" von Gestaltun-
gen des Gesundheitssystems in Deutschland zu vermeiden.

Nicht umsonst hat allerdings die Europäische Union die Gestaltung der
Gesundheitsversorgung der Bevölkerung bislang nicht harmonisiert und den
„Dienstleistungen von allgemeinem wirtschaftlichen Interesse" (DAWI), unter
die auch die Gesundheitsdienstleistungen fallen, einen Sonderstatus in der
jeweils nationalen Ausgestaltung eingeräumt. Zu unterschiedlich in der Aus-
gangslage, zu komplex im Einzelfall und mit zu großen (nationalen) Interessen
wegen der unmittelbaren Betroffenheit jedes einzelnen Individuums behaftet,
erschienen und erscheinen offenbar die verschiedenen Systeme, unter denen das
deutsche mit seinem praktisch unbegrenzten Zugang zu seinen Ressourcen für
den Einzelnen zudem einen besonderen Status einnimmt.

Vor diesem Hintergrund sind Zweifel angebracht, ob sich einzelne Indika-
toren, die in der sozial-wissenschaftlichen, politischen und medialen Diskussion immer wieder genannt und instrumentalisiert werden, seien es strukturelle
(„Anzahl der Krankenhausbetten je 1.000 Einwohner"), „leistungsbezogene"
(„Anzahl der Behandlungsfälle je Krankenhausarzt und Jahr", „Anzahl der
Behandlungstage je Pflegekraft und Jahr") oder „qualitative" („Zahl der Patienten mit MRSA-Infektionen je 100.000 stationäre Behandlungsfälle", „Anzahl
der Todesfälle je Zahl der Behandlungsfälle in einer bestimmten Fachdisziplin")
methodisch valide und gleichzeitig in einem Kontext mit hinreichend großer
Aussagekraft staatenübergreifend (selbst innerhalb der EU) vergleichen lassen.

Untersuchungen, die einen wirklich ganzheitlichen Ansatz zur Beschreibung
von Zustand und Wirkungsbeziehungen der verschiedenen Faktoren in einem
oder gar dem deutschen Gesundheitswesen mit seinen unterschiedlichen Sektoren insgesamt verfolgen, sind zumindest dem Autor nicht bekannt, Beispiele für
interessenbezogene Partialinterpretationen von aus dem Zusammenhang geris-
senen Einzelindikatoren hingegen scheinen häufiger publiziert zu werden.

Es wäre volkswirtschaftlich und im Sinne von Leistungserbringern und
Patienten gleichermaßen sinnvoll, in der Politikberatung dienenden Studien
keine isolierten(!) „Best practice"-Diskussionen zu führen, sondern bei Län-
der- und Statistik-Vergleichen die „Gesamtsysteme" (Strukturen, Leistungen,

Organisation, Finanzrahmen und – quellen, Sozial- und Rechtssysteme) gegenüberzustellen und die „Ergebnisse" des jeweiligen Gesundheitssystems entsprechend zu „normieren".

Sollte dies nicht möglich sein, wäre genau auch diese Aussage – dass es nicht sinnvoll möglich ist – im Sinne eines wissenschaftlich kritischen Diskurses ein wesentlicher Schritt zur Verhinderung oder Beendigung von stetig neuen, in ihrem Ergebnis fragwürdigen Initiativen, die dem Gesamtsystem „Krankenhaus Deutschland 2017" ebenfalls stets neue und dabei in der Regel zusätzliche, aber nicht ersetzende oder auch nur vereinfachende Regelungen zu Teil werden lassen.

Ein „Bürokratieabbau" ist hier nicht erkennbar und an die oben genannte „leere Lösungsmenge" sei erinnert, so verführerisch der isolierte Blick auf einzelne Aspekte der Gesundheitssysteme in unseren Nachbarländern auch sein mag. Aktionismus und Selbstbetrug sind die Folge.

1 Nur Scheindiskussionen?

An dieser Stelle mag eingewandt werden, dass die Forderung nach einem ganzheitlichen Ansatz oder einem ganzheitlichen Modell eine überzogene Forderung sei, die nur dazu diene, „von eigentlichen Problemen abzulenken", „das heute schon Machbare nicht tun zu müssen" und damit nur noch einmal mehr dokumentiere, dass von einem Teil des in Deutschland „selbstverwaltetem" Gesundheitssystems selbst[4] keine zukunftsfähige Weiterentwicklung zu erwarten sei, sondern sich auch hier nur wieder eine Verzögerungs- oder Verweigerungshaltung zugunsten partikularer Gewinnmaximierung manifestiere.

Solche oder ähnliche Vorhaltungen, gepaart mit pauschalen, medial in Szene gesetzten Vorwürfen zur angeblich mangelhaften Behandlungsqualität, Abrechnungsbetrug und Unnötigkeit von Krankenhausbehandlungen liefern jedoch trotz ihrer Oberflächlichkeit oder gar provozierenden Fehlerhaftigkeit Argumente, wenn nicht gar den „Beweis" für die Notwendigkeit einer umfassenden Beschreibung von Zustand und Wirkungsmechanismen des deutschen Gesundheitssystems. Mit hoher Wahrscheinlichkeit wird es beim Versuch bleiben – zu komplex, mit zu vielen Partikularinteressen und z.T. scheinheiligen Interessenvertretungen ist das Geflecht der Sozialgesetzgebung belastet. Die Forderung nach einer deutlichen Vereinfachung, damit überhaupt (wieder) eine vollständige Beschreibung des Systems und damit seine Steuerung sinnvoll möglich ist, müsste resultieren. Dies kann in der Tat von einer „Selbstverwaltung" nicht

---

4 Der Autor ist ja auch selbst in diesem „selbstverwalteten" Gesundheitssystem tätig.

erwartet werden: Sie kann, soll und darf nur handeln in dem für sie vorgegebenen Rechtsrahmen, den sie nicht selbst festlegt.

Dass dieser Rechtsrahmen in sich konsistent, nachvollziehbar und bezogen auf die für die „Verwaltung" (einschließlich der wiederum dafür notwendigen Dokumentation) aufzuwendenden Ressourcen möglichst effizient sein muss, ist eigentlich eine Selbstverständlichkeit. Dies schafft nicht nur in der deutschen „Selbstverwaltung", sondern auch im „Krankenhaus-Management" die Handlungssicherheit, die benötigt wird, um eine (noch) weit überwiegend durch Menschen erbrachte Leistung auch tatsächlich steuern zu können und – viel wichtiger – diese Menschen überhaupt noch zu dieser Leistung zu motivieren und weitere – und sei es nur für eine absehbare Dauer–dafür gewinnen zu können.

Dazu gehört im Rechtsrahmen eine Begriffs- und Formulierungsstringenz, die langwierige mehrinstanzliche (sozial-)gerichtliche Verfahren mit zum Teil (für alle Parteien) überraschenden Ausgängen weitestgehend überflüssig macht. Auch hier ist die Zustandsbeschreibung relativ einfach: So sind die Sozialgesetzbücher zusammen mit ihren zahllosen Verordnungen und Erlassen sowie den „begleitenden" Gesetzen z. B. zu Medizinprodukten sowie in Kombination mit Gesetzen aus anderen Rechtskreisen alles andere als übersichtlich, konsistent und „wenig auslegungsbedürftig". Unterschiedliche Definitionen für gleiche Sachverhalte in (nationalem) Sozial- und (zunehmend europäisch geprägtem) Steuerrecht seien hier nur exemplarisch genannt. Eine die Tätigkeit der Legislative hilfsweise ergänzende oder gar in Teilen „übersteuernde" Judikative ist dabei ebenso nicht hilfreich, sondern widerspricht sogar den Grundsätzen der Gewaltenteilung.

Zum Teil erscheint es außerdem so, als seien unbestimmte, auslegungsbedürftige Begriffe in Gesetzestexten sowie in der Praxis zum Teil nur mit hohem (zusätzlichem) Aufwand umsetzbare Verordnungen Zeichen der Vermeidung grundlegender (gesellschafts-)politischer Diskussionen. In denen müsste nämlich definiert werden, was gewünschte (und dann natürlich auch in der „wirtschaftlichen" Erbringung „refinanzierte") Leistungen sind und wie ein – nicht zuletzt im Hinblick auf Haftungsfragen – in dem vorgenannten Refinanzierungsrahmen auch realistisch erbringbarer Qualitäts- bzw. Fehlermaßstab, der nicht die Suggestion der völligen und unbedingten Risikobeherrschbarkeit oder Risikofreiheit aufrechterhält, ist.

Dies wäre – sollte der Eindruck dieser „Diskussionsvermeidung" zutreffend sein – eine tatsächlich sehr schwerwiegende Verzögerungs- oder Verweigerungshaltung, dann aber außerhalb der Selbstverwaltung. Es versteht sich von selbst, dass jedwede Untersuchung und Diskussion dieser Art zu irgendeinem

Zeitpunkt ganz von allein den Weg zum Begriff der „Ressourcenlimitation" finden wird. Dies ist jedoch ein letztlich unvermeidbarer Weg, der nach Auffassung des Autors aber nicht dazu führen darf, diese wichtige Diskussion im unmittelbaren politischen Raum zu vermeiden. Vielmehr beschädigt das Ausblenden von bereits bestehenden Randbedingungen oder das Verkennen ihrer z.T. ungewollten Wirkungen im politischen und gesetzgeberischen Prozess (noch) funktionierende Teile des Gesundheitssystems. Spätestens durch die Gesetzgebung zum Schutz kritischer Infrastrukturen, die eine klare Identifikation von „Risiken" fordert, wird diese Debatte jedoch immer weniger vermeidbar sein.

2 „Kreative Start-Ups" sollen es richten

Bei aller Betrachtung von zukünftigen Gesundheitsversorgungssystemen ist noch einmal darauf hinzuweisen, dass es einer ausreichenden Zahl von Menschen bedarf, die die existierenden aufrechterhalten. Dies ist umso wichtiger, wenn man davon ausgeht, dass sich zukünftige Strukturen der Gesundheitsversorgung deutlich von den heutigen unterscheiden, damit die heutigen Leistungserbringer sich nicht als wahrscheinliche „Verlierer von morgen" sehen oder sogar schon heute diejenigen als „Gewinner", die sich eben nicht an den aktuellen Rechtsrahmen halten oder den ihnen darin zugewiesenen Auftrag erfüllen.

So heißt es z. B. im Eckpunktepapier zur „Digitalisierung der Gesundheitswirtschaft" des BMWi(!): „Auch in der Gesundheitswirtschaft spielt die Digitalisierung eine immer wichtigere Rolle. Kreative Start-ups sind mit zahlreichen innovativen Ideen und Geschäftsmodellen in dieser Branche unterwegs. Allerdings ist der Zugang zum Gesundheitsmarkt für sie oft ein schwieriger und dornenreicher Weg. Hohe Eintrittsbarrieren machen diesen attraktiven Markt für kleine, junge Unternehmen und digitale Start-ups kaum erreichbar. Innovative Ideen werden dadurch oft schon im Keim erstickt." Weiter heißt es im gleichen Dokument: „Zudem sollen Experimentierräume geschaffen werden, bei denen durch temporäre und lokal begrenzte Veränderung von Regularien Innovationen ausprobiert werden können. Die Ergebnisse und Daten aus der Erprobung sollen auch als Nachweise über den Nutzen und die Wirtschaftlichkeit der Innovationen genutzt werden können."

Die beiden Abschnitte des Eckpunktepapiers sind geeignet, gleich eine ganze Reihe von Widersprüchen im derzeitigen politischen Umfeld des Gesundheitssystems in Deutschland und auch den bereits eingetretenen Kontrollverlust deutlich zu machen.

Dass die „Digitalisierung auch in der Gesundheitswirtschafts eine immer wichtigere Rolle spielt" ist unbestritten. Das faktisch gescheiterte „Projekt" der

„Digitalen Gesundheitskarte" und die die chronische Unterfinanzierung von
stationären Versorgungseinrichtungen im aktuell geltenden System der dualen
Finanzierung mögen hier als zwei der einfacheren Begründungen aus Sicht einer
stationären Einrichtung genügen, warum die bereits heute bestehenden Möglichkeiten nicht ausgebaut worden sind. Hohe und damit „teure" Anforderungen
im Datenschutz treten hinzu.

Interessanterweise sollen es nun in eben diesem Digitalisierungsumfeld „kreative Start-ups mit zahlreichen innovativen Ideen und Geschäftsmodellen(!)"
richten, die durch „temporäre und lokal begrenzte Veränderung von Regularien"
in die Lage versetzt werden sollen, diese auszuprobieren.

Die heißt – zugegebenermaßen polemisch – umformuliert: „Die heute Handelnden, die mit den bestehenden Restriktionen klarkommen müssen, sind einfach unfähig, sich selbst zu entwickeln. Besser ist es, anderen die Möglichkeit
zu geben, daraus ein Geschäft für sich zu machen. Und damit das funktionieren kann, schaffen wir eben eine Ungleichbehandlung im Regulierungsrahmen
und sehen mal, was passiert, da wir dies mangels Kenntnis über die heutigen
Wirkungszusammenhänge noch nicht einmal grob abschätzen können oder
wollen."

Für diejenigen, die sich redlich unter Einhaltung der heutigen gesetzlichen Rahmenbedingungen um die Leistungserbringung und deren Management bemühen, kann dies nur wie ein Schlag ins Gesicht wirken. Anstatt eine
„Evolution" möglich zu machen, wird implizit die „Disruption" ausgerufen,
während gleichzeitig erwartet wird, dass die aktuelle Leistung weiter erbracht
wird, ohne Chance für die gegenwärtig Handelnden, sich an der „Disruption"
überhaupt beteiligen zu können. Wird hier unterstellt, dass diese schlicht „zu
dumm" sind, um „innovative Geschäftsmodelle" in diesem „attraktiven Markt"
zu entwickeln? Oder sollen sogar im „attraktiven" „Markt" des deutschen
Gesundheitssystems mit aus Sicht des Autors unbestreitbar vorhandenem
„Effektivitäts- und Effizienzpotential" bewusst die in öffentlicher Trägerschaft
mit allen ihren im Vergleich zu privaten und frei-gemeinnützigen Trägern noch
zusätzlichen Restriktionen tätigen Einrichtungen weiter als Garanten der Versorgung gleichermaßen gefordert und gegeißelt werden, während „das große
Geschäft" mit „dem neuen Öl", den Daten von Patienten und Versicherten,
andere, nämlich (privatwirtschaftliche) „kreative Start-ups" machen sollen?
Was sollen die in den heutigen Einrichtungen tätigen Mitarbeiter von solchen
Ansätzen halten, wer sollte es ihnen verdenken, wenn sie sich aufmachen und
die Einrichtungen verlassen, um ihrerseits als Einzelne von der ausgerufenen
„Disruption" zu profitieren? Es ist politisch sorgfältig abzuwägen, ob diese Ent-
wicklung gewollt ist.

Die jüngsten Skandale rund die Daten und „Apps" in „sozialen Netzwerken" oder auch die Bestrebungen von Google oder Apple, die Behandlungsdaten der Bewohner ganzer Staaten mit zentraler Datenspeicherung (z. B. Dänemark) für geschäftliche Zwecke zu kaufen, machen deutlich, dass hier gesellschaftlicher Diskussions- und Entscheidungsbedarf besteht. Hier müssen sich auch die heute tätigen nationalen Krankenversicherungsunternehmen überlegen, wie sie mit neue „Intermediären" zwischen Versicherten bzw. Patienten, sich selbst und den Leistungserbringern umgehen wollen und ob und wie sie „digitale Leistungen" vergüten wollen. Werden auch hier niedrigere Anforderungen an die „Qualität" oder auch nur den Nachweis der Leistungserbringung gestellt, trifft dies wiederum die derzeitigen Säulen der Versorgung ohne deren Chance zur Teilnahme an der Veränderung. Zu hinterfragen ist in diesem Kontext auch das Verbot für die Krankenversicherer, sich außerhalb einer reinen Finanzierung von Leistungen aktiv an der Entwicklung des Gesundheitsversorgungssystems durch das Angebot eigener „intermediärer" Leistungen – oder sogar darüber hinausgehender – Leistungen zu beteiligen. Warum hier offenbar bewusst eine „digitale Globalisierung" ohne gleiche Regelungen wie für lokale Qualitätssicherung in Kauf genommen wird, deren direkte Folgen oder Langzeitwirkungen wiederum lokal zu bewältigen sind, bleibt offen und mag als weiterer Beleg für die oben aufgestellte These dienen, dass es den Entscheidungsträgern an einer Übersicht über die derzeitigen Wirkungsmechanismen fehlt.

Gleichzeitig darf nicht verkannt werden, dass „Big Data" sich international bereits entwickelt hat und es für eine sinnvoll optimierende europäische oder sogar nationale Gesundheitsversorgung notwendig ist, Daten über in diesem geographischen Raum lebende Menschen strukturiert zu erheben und zu verarbeiten: „Künstliche Intelligenz", die ausschließlich mit Datensätzen von Patientenkohorten aus dem asiatisch-pazifischen Raum „trainiert" wurde, muss für die Herleitung von Diagnostik- und Behandlungsvorschlägen zu „falschen" Schlussfolgerungen betreffend hiesiger Kohorten kommen. Ob und wie das Training solcher Algorithmen (auch) mit anonymisierten Daten möglich ist, soll hier nicht diskutiert werden. Sicher ist nur, dass Datenschutz und die Wahrung personenbezogener Rechte ihren letztlich finanziellen Preis haben.

3 Neuordnung der Notfallversorgung?!

Als wäre solche „Disruption" durch die Digitalisierung nicht genug Herausforderung für das Krankenhausmanagement, werden gleichzeitig und scheinbar unkoordiniert andere strukturelle Veränderungen angestoßen, z. B. in der Notfallversorgung. Auch hier stellt sich angesichts des Foliensatzes aus der

Präsentation des Sachverständigenrates zur Begutachtung der Entwicklung im Gesundheitswesen zum Werkstattgespräch am 07.09.2017 für die heute die Systemdefizite kompensierenden stationären Einrichtungen die Frage, warum die aus einer – sicherlich notwendigen – Systemveränderung hervorgehenden zusätzlichen Strukturen nun offenbar unter das Management der Institutionen oder Personen gestellt werden soll, die – zumindest in verschiedenen Regionen – ihren bisherigen Auftrag nicht oder zumindest nicht vollständig erfüllt haben. Die in der Präsentation auf Seite 9 gestellten Fragen „Warum macht es dann niemand?" und „Ist es vielleicht nicht richtig organisiert?" muss zudem angesichts des zuvor bereits angesprochenen Regelungsrahmens, in dem sich das Management bestehender Einrichtungen heute bewegen muss, wie Hohn klingen, von den vorgeschlagenen „flankierenden Maßnahmen" betreffend die Versorgung im bestehenden vertragsärztlichen Sektor zu schweigen. Eine wie weiter oben geforderte vollständige und umfassende Betrachtung des „Gesamtsystems" der Staaten, deren Notfallversorgungsorganisationen als Beispiele genannt werden, unterbleibt zumindest in der Darstellung zum „Werkstattgespräch".

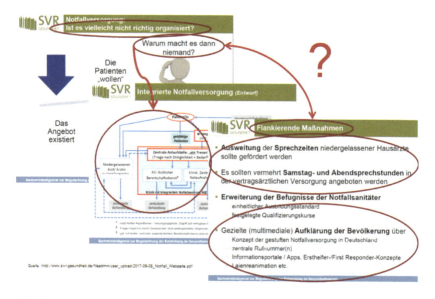

Abb. 4
Quelle: http://www.svr-gesundheit.de/fileadmin/user_upload/2017-09-08_Notfall_Website.pdf

Nachdem nunmehr mindestens seit Einführung des DRG-Systems in Deutschland das Berufsbild der Kranken- und Altenpflege durch verschiedenste Äußerungen und Interventionen „weiterentwickelt" oder auch beschädigt worden ist, zeigt außerdem nun die „doppelte Demografie" im Gesundheitswesen zusätzlich Wirkung. Der mit der DRG-Einführung begonnene Weg, der auch in einer Reduzierung der stationären Krankenhauskapazitäten münden sollte und soll, ohne dass dies offen in den Krankenhausplänen der Länder Niederschlag finden würde, wird nun wahrscheinlich endgültig flankiert von einer nicht abschließbaren Qualitätsdefinition unumkehrbar beschritten.

4 Drei Anregungen für den Diskurs

Umso wichtiger ist es in dieser Situation auf Basis eines gesamtheitlichen Systementwurfes für die Gesundheitsversorgung in Deutschland einen für alle Beteiligten gleichmäßigen Rechtsrahmen zu schaffen, der möglichst wenig auslegungsbedürftig ist. Gerade die aktuelle Finanzsituation von Bund und Ländern sollte dazu genutzt werden, denn wirtschaftlich schlechtere Jahre werden mit Sicherheit wieder folgen und die kommunale Finanzlage ist nach wie vor bestenfalls als nicht gesichert zu beschreiben. Werden solche Schritte im Sinne der Patienten und aller Beteiligten nun nicht zügig unternommen, endet man leicht bei einem „Schau mer mal, dann sehn wir schon." Dies ist jedoch keine Handlungs-Maxime.

Bleiben zum Schluss drei Anregungen für den Diskus:

1. Bei „Best practice"-Diskussionen, Länder-Vergleichen, Statistiken, etc. bitte „Gesamtsysteme" (Leistungen, Organisation, Finanzquellen, Sozial- und Rechtssystem) einander gegenüberstellen.
2. Bei Analysen der Ist-Situation (und Ableitung von Maßnahmen) die Wirkung bisheriger normativer Vorgaben und des tatsächlichen Verhaltens der Akteure im Gesamtsystem (kritisch) berücksichtigen.
3. Bei Systeminterventionen darauf achten, dass „der Ehrliche nicht der Dumme" ist. Er wird nämlich in allen Systemen gebraucht – mindestens so lange, bis die „Game Changer" wie „kreative Start-ups" gewirkt haben …

Deutschland braucht schnell einen modernen rechtlichen Handlungsrahmen und ein gesellschaftlich konsentiertes Ziel für die Entwicklung seines Gesundheitssystems – sonst wird im Modell des Krankenhausmanagements die Lösungsmenge leer – und eine Quadratur des Kreises hat es schon bisher nicht gegeben.

Volker Ulrich und Eberhard Wille

Die einheitliche Gebührenordnung unter gesundheitsökonomischen Aspekten

1 Ziele und Ausgestaltung

Eine einheitliche Gebührenordnung für den ambulanten Versorgungsbereich zielt im Sinne seiner Befürworter vornehmlich darauf ab, die nach ihrer Ansicht im deutschen Gesundheitswesen existierende „Zwei-Klassen-Medizin" abzubauen. Danach führen die beiden derzeit bestehenden Gebührenordnungen infolge ihrer unterschiedlichen Vergütung von gleichen Leistungen dazu, dass privat Versicherte über niedrigere Wartezeiten auf Arzttermine einen besseren Zugang zur ambulanten medizinischen Versorgung als gesetzlich Versicherte erhalten. Parallel hierzu begünstige dieses duale Vergütungssystem tendenziell eine Überversorgung bei privat Versicherten und trage in der gesetzlichen Krankenversicherung (GKV) zur Gefährdung einer flächendeckenden hochwertigen Gesundheitsversorgung bei. Die Ablösung des dualen Vergütungssystems durch eine einheitliche Gebührenordnung kann, wie von den meisten Befürwortern gewünscht, einen relevanten Schritt in Richtung einer Bürgerversicherung mit einkommensabhängigen Beiträgen wie in der GKV darstellen, sie lässt sich aber auch als isolierte Maßnahme durchführen und damit unter gesundheitsökonomischen Aspekten analysieren.

Bei einer Darstellung und Würdigung der beiden derzeit bestehenden Gebührenordnungen gilt es auch, ihr jeweiliges Verhältnis zu den zugehörigen Leistungskatalogen mit in die Betrachtung einzubeziehen. Der Einheitliche Bewertungsmaßstab (EBM) in der GKV basiert auf einer kollektiven Vereinbarung. Der Bewertungsausschuss, der sich aus drei Vertretern des GKV-Spitzenverbandes und der Kassenärztlichen Bundesvereinigung (KBV) zusammensetzt, beschließt den EBM. Auf den zugehörigen Leistungskatalog besitzen alle Versicherten der GKV den gleichen rechtlichen Anspruch. Ausnahmen bilden lediglich die quantitativ relativ unbedeutenden Satzungsleistungen, mit denen sich die Krankenkassen hinsichtlich ihres Angebotes unterscheiden können.

Im Unterschied dazu korrespondiert in der privaten Krankenversicherung (PKV) die Gebührenordnung für Ärzte (GOÄ), die auf einer Rechtsverordnung des Bundesministeriums für Gesundheit fußt, mit einem sehr flexiblen

Leistungskatalog, der den privat Versicherten eine Vielfalt von vertraglichen Abschlüssen zu bestimmten Leistungen bietet. Die privat Versicherten besitzen somit die Möglichkeit, sich ihren speziellen Leistungskatalog entsprechend ihren Präferenzen zusammenzustellen. Diese individuelle Auswahl kann mehr, aber auch weniger Leistungen als der entsprechende Katalog der GKV umfassen. Zudem weisen die einzelnen Leistungen in diesen beiden Katalogen keine durchgängig einheitliche bzw. gleiche Definition und Abgrenzung auf. Diese Unterschiede in den Leistungskatalogen von GKV und PKV, auf denen die beiden Gebührenordnungen jeweils aufbauen, verdeutlichen bereits die Probleme, beide Systeme zu einer einheitlichen Gebührenordnung zusammenzufassen.

Bei der GKV und der PKV handelt es sich insofern um solidarische Versicherungssysteme, als ex post weitgehend gesunde Versicherte die Schadensfälle von sehr kranken Patienten finanziell mittragen. Beide Systeme streben auch eine bestmögliche Leistungsqualität in Verbindung mit einer hohen Patientenzufriedenheit sowie eine optimale Effizienz der Leistungserstellung an, setzen bei der Verwirklichung dieser Ziele aber unterschiedliche Schwerpunkte. Die PKV bietet neben einer höheren Flexibilität bei der Leistungsauswahl eine besonders niedrige Barriere beim Eintritt neuer innovativer Leistungen, während bei der GKV die Wirtschaftlichkeit der Leistungen in Verbindung mit der Evidenz ihres (Netto-)Nutzens stärker im Vordergrund steht. Entsprechend setzt die GKV auch gezielt Instrumente zur Mengenbegrenzung ein.

Bei einer Wahl zwischen den beiden derzeitigen Gebührenordnungen dürfte der EBM der GKV mit ca. 72,5 Mio. Versicherten gegenüber der PKV mit knapp 8,8 Mio. Versicherten im Sinne der Befürworter einer einheitlichen Gebührenordnung eindeutige Priorität besitzen. Bei der GOÄ als einheitlicher Gebührenordnung für beide Versicherungssysteme bestünde wegen deren Einzelleistungsvergütung die Gefahr einer erheblichen Mengenausweitung mit einem entsprechenden (zusätzlichen) Ausgabenwachstum. Im Sinne ihrer Zielsetzung schließt die einheitliche Gebührenordnung Preiszuschläge für gleiche bzw. identische Leistungen aus, soweit diese den Leistungskatalog der GKV betreffen. Unklar bleibe dabei aber das Preissystem für Leistungen, die z. B. im Rahmen von Zusatzversicherungen über den Leistungskatalog der GKV hinausgehen. Die Preise für diese Leistungen können die Entscheidungen der niedergelassenen Ärzte bei ihrer Terminvergabe aber durchaus – zumindest in Grenzen – beeinflussen (siehe hierzu auch unten unter Punkt 2.3).

2 Einfluss einer einheitlichen Gebührenordnung auf Budgetierung und Rationierung

Mit der Einführung der Bürgerversicherung, die unabhängig von verfassungsrechtlichen Problemen eine Übergangsphase von mindestens einer Generation benötigen würde, wäre zwingend auch die Einführung einer EGO im ambulanten Bereich verbunden. Die heute geltenden Gebührenordnungen müssten von der Höhe der Vergütung, der Funktionalität und der Abrechnungsarithmetik vereinheitlicht werden.

Beide Abrechnungssysteme weisen eine unterschiedliche monetäre Bewertung und partiell auch eine unterschiedliche Abgrenzung der Leistungen auf. Daher kann eine durchgeführte Behandlung je nach Versicherungsschutz des Patienten mit einer unterschiedlichen Vergütung einhergehen. Grundsätzlich erhalten die Leistungserbringer für die Behandlung von privat versicherten Patienten eine höhere Vergütung, die überwiegend auch nicht budgetiert ist. Für den stationären Sektor stellt sich die Situation anders dar, da bei den Krankenhäusern über die Vergütung mit Hilfe von Fallpauschalen weitgehend ein einheitlicher Preis vorliegt. Eine EGO in einem von der GKV dominierten beitragsfinanzierten Versicherungsmarkt ist letztlich nur vorstellbar, wenn die Systematik der GKV zum Tragen kommt, da nur hier die bislang in der GKV durchgeführte Mengensteuerung Fortbestand hätte. Ein reines Einzelleistungssystem ohne Mengenbegrenzung scheidet für eine Bürgerversicherung eher aus. Der Regulierungsapparat des EBM mit Budgetierung, Mengenbegrenzungen, Quotierungen und Abstaffelungen würde dann auch in der PKV gelten.

Eine solche Neuordnung wirft aber noch mehr Fragen auf. Nicht nur nach der Gestaltung der Gebührenordnung, sondern auch nach ihrem Leistungsumfang oder nach der Gestaltung einer Konvergenzphase und möglicher Kompensationszahlungen insbesondere an die niedergelassenen Ärzte aufgrund des Wegfalls von Einkünften aus der GOÄ. Denn obwohl der Privatversicherungsanteil in Deutschland bei nur 11 % liegt, lösen diese Versicherten 24 % der Praxisumsätze aus. Aktuelle empirische Arbeiten betonen, dass sich der Mehrumsatz von Privatversicherten im ambulanten Bereich für das Jahr 2015 auf bis zu 6 Mrd. Euro belaufen hatte. Für jeden niedergelassenen Arzt in Deutschland entspräche dies im Schnitt einem Mehrumsatz von etwa 50.000 Euro im Jahr. Auf Basis der Daten des Jahres 2010 kommt eine andere Studie auf ein Kompensationsvolumen von über 4 Mrd. Euro (bei vollständiger Kompensation) mit errechneten Zuschlagsfaktoren auf die bisherige ambulante Vergütungssumme in Höhe von 13 % bis 17 % für die Jahre 2010 bis 2030. Ohne Kompensation fehlt zudem die Basis der Finanzierung für Personal und Investitionen. Viele Praxen könnten dem wirtschaftlichen Druck nicht standhalten. Entweder würde die Versorgungslandschaft weiter ausgedünnt und/oder die Versorgungsqualität müsste sinken.

Hinzu kommt, dass sich in diesem Fall sicherlich ein Markt mit Zusatzversicherungsangeboten für Premiumpatienten herausbilden dürfte, da der PKV der Abschluss von Zusatzversicherungen nicht verwehrt werden kann. Diese Situation hat sich auch in der Schweiz und in den Niederlanden ergeben, nachdem dort ein einheitlicher Versicherungsmarkt vom Gesetzgeber initiiert wurde.

2.1 Mengensteuerung

Die Unterschiede von GOÄ und EBM erklären den PKV-Mehrumsatz im ambulant ärztlichen Bereich aber nur zum Teil. Darüber hinaus wirken in der GKV Mechanismen zur Mengensteuerung, die auf eine Ausgabenbegrenzung abzielen, die es in dieser Form in der PKV nicht gibt.

Die Abrechnungen der Vertragsärzte werden von den KVen einer Plausibilitäts- und Wirtschaftlichkeitsprüfung unterzogen, wodurch auch eine Ausgaben- und Mengenbegrenzung erfolgt. Bei der Plausibilitätsprüfung wird die ordnungsgemäße Abrechnung der ärztlichen Leistungen überprüft und bei der Wirtschaftlichkeitsprüfung die ausreichende, zweckmäßige und wirtschaftliche Leistungserbringung der Vertragsärzte. Ärztliche Leistungen dürfen das notwendige Maß nicht überschreiten (§ 12 Abs. 1 SGB V).

Die sogenannten Regelleistungsvolumina in der GKV tragen ebenfalls zur Ausgabenbegrenzung bei. Inzwischen ist es den regionalen Kassenärztlichen Vereinigungen (KVen) freigestellt, Regelleistungsvolumina anzuwenden oder andere Regelungen zu treffen. Das Regelleistungsvolumen ist ein ex ante festgelegter Teil der Praxiseinnahmen aus vertragsärztlicher Tätigkeit. Das Regelleistungsvolumen erschwert eine übermäßige Leistungsausweitung, da erbrachte Leistungen nur bis zur vereinbarten Höhe mit einem festen EBM-Punktwert vergütet werden, wogegen ab einer Überschreitung eine Abstaffelung des Punktwertes erfolgt.

Bei Privatversicherten erfolgt die Steuerung der Leistungsausgaben allein über den privatrechtlichen Versicherungsvertrag. Dort sind der Leistungsumfang, Erstattungshöchstgrenzen und Selbstbeteiligungen vereinbart. In der GOÄ wird das Ausgabenvolumen durch Einschränkungen bzw. Begrenzungen in der Anzahl und parallelen Abrechenbarkeit einzelner Gebührenpositionen beschränkt. Weitere Mengenbegrenzungen existieren hingegen nicht. Durch die Systemunterschiede können Versorgungsdifferenzen entstehen. Dies gilt insbesondere auch für neue Behandlungsmethoden. Nicht in der GOÄ enthaltene ärztliche Leistungen kann der Arzt bei Privatpatienten analog mit einer gleichwertigen ärztlichen Leistung der GOÄ berechnen (§ 6 Abs. 2 GOÄ). In der GKV dürfen neue Behandlungsmethoden im ambulanten Sektor dagegen erst dann als Krankenkassenleistung verordnet werden, wenn eine Überprüfung durch den Gemeinsamen Bundesausschuss (G-BA) erfolgt ist und dieser das Ergebnis für den Patienten als nutzbringend, notwendig und wirtschaftlich einstuft. Im ambulanten Sektor stehen daher neue Behandlungsmethoden in der GKV unter einem Erlaubnisvorbehalt. Diese unterschiedlichen Innovationstreiber sind sicherlich Teil des Mehrumsatzes von Privatversicherten.

2.2 Honorarvolumen der EGO

Die EGO würde zu einem Wegbrechen der erwähnten Mehrumsätze in Höhe von 6,1 Mrd. Euro für die ambulante Vergütung und/oder für die Finanzierung der medizinischen Infrastruktur führen. Alternativ käme es zu einer Mehrbelastung der Beitragszahler. Die gesetzlich Krankenversicherten müssten dann die Mehrumsätze der nach GOÄ-Versicherten tragen. Der Beitragssatz in der neuen Bürgerversicherung würde sich um etwa einen Prozentpunkt von 15,7 % auf 16,7 % erhöhen. Der monatliche Höchstbeitrag in der GKV würde entsprechend von heute 683 Euro auf dann 725 Euro steigen.

Die Mehrbelastung würde nicht nur Besserverdiener betreffen, sondern auch Facharbeiter und Angestellte aus der Mittelschicht. Berechnungen zeigen, dass beispielsweise ein Facharbeiter im Bauhauptgewerbe jährlich 393 Euro, ein Lokomotivführer bis zu 417 Euro, ein Meister im Kfz-Gewerbe 486 Euro oder eine leitende Krankenschwester im öffentlichen Dienst 506 Euro zusätzlich in der Bürgerversicherung zahlen müssten.

2.3 Leistungs- und Preisdifferenzierung trotz EGO?

Bei der Frage nach der Leistungs- und Preisdifferenzierung in einer EGO stellt sich zunächst die Frage, wie umfangreich der zugrunde gelegte Leistungskatalog ist. Die bisherige Annahme, dass die Basis für eine EGO in der Tendenz der EBM sein dürfte, reicht hier nicht unbedingt aus, da der EBM gegenwärtig auch Leistungen umfasst, welche nicht Bestandteile der GOÄ sind, beispielsweise stationäre Vorsorge- oder Reha-Kuren.

Umgekehrt verhält es sich beispielsweise mit Blick auf nicht verschreibungspflichtige Leistungen oder homöopathische Mittel. Der Umfang des abgeschlossenen Leistungsvertrags mit der PKV kann daher grundsätzlich weniger umfangreich oder aber umfangreicher im Vergleich zum GKV-Leistungskatalog ausfallen. Leistungsdifferenzierungen, etwa über Satzungs- und Wahlleistungen, wären aber auch weiterhin möglich.

Falls der GKV-Leistungskatalog in Teilen umfangreicher wäre, würde dieser Leistungskatalog nun allen Versicherten angeboten. Das könnte dazu führen, dass das gesamte System teurer wird. Wahrscheinlicher ist aber eher der umgekehrte Fall: Der bisherige Leistungsumfang der PKV war größer, sodass ceteris paribus ein Bedarf nach einer Zusatzversicherung entstehen würde, den es dann zu finanzieren gilt.

Während im hausärztlichen Bereich in weiten Strecken ein gemeinsamer Grundleistungsbereich für die überwiegende Zahl von Patienten festgestellt werden kann und vor allem chronisch kranke Menschen besonderen Behandlungsaufwand erfordern, sind die Behandlungsanlässe im fachärztlichen Bereich differenzierter. Die EGO bedroht daher insbesondere die medizinische Infrastruktur in der fachärztlichen Versorgung. Mit einer EGO würden insbesondere der hoch spezialisierten Facharztversorgung notwendige finanzielle Ressourcen entzogen.

2.4 Wettbewerbspolitische Folgen für GKV und PKV

Die Teilhabe der Versicherten am medizinischen Fortschritt ist eines der wesentlichen Kriterien für die Qualität medizinischer Versorgung. Gesundheitssysteme bemessen sich auch daran, wie schnell sie in der Lage sind, Innovationen in die Regelversorgung zu überführen. International betrachtet steht Deutschland beim Zugang zu Innovationen sehr gut da. Versicherte und Patienten haben einen schnellen und umfassenden Zugang zu Innovationen.

Dass dies so ist, ist auch dem Systemwettbewerb aus GKV und PKV zu verdanken. Übernimmt nämlich bei medizinischen Innovationen ein Versicherungssystem eine Vorreiterrolle, muss sich im Systemwettbewerb das jeweilig andere Versicherungssystem mit eben dieser Innovation auseinandersetzen, seine eigene Position begründen und gegebenenfalls reagieren. Letztlich schützt der Systemwettbewerb nicht nur vor Leistungskürzungen, sondern unterstützt auch die Einführung von Innovationen. In Deutschland nimmt die PKV im Systemwettbewerb mit der GKV häufig die Rolle des Treibers von Innovationen ein. In der PKV ist die schnelle Finanzierung und Erstattung medizinischer Innovationen die Regel, während in der GKV dagegen der verlangsamte Zugang zu Innovationen und das verhältnismäßig niedrige Finanzierungsniveau die Regel sind, die nur durch Selektivverträge durchbrochen werden können. Damit ist die PKV ein zentraler Wettbewerbsfaktor für einen schnellen und umfassenden Zugang zu Innovationen in Deutschland. Langfristig wird die EGO zum alleinigen Standard für die Vergütung im ambulanten Bereich werden. Insbesondere die Modernisierung der medizinischen Infrastruktur wird dabei auf einen harten Prüfstand gestellt.

3 Unterschiedliche Wartezeiten: Umfragen zu ihrer Relevanz

Wartezeiten können den Zugang zu einer medizinischen Versorgung erheblich behindern und dadurch den Behandlungsprozess der betreffenden Patienten mit dem Risiko schlechterer gesundheitlicher Ergebnisse verzögern. Grundsätzlich erlauben Wartezeiten per se aber noch keine fundierten Aussagen über ihre medizinische Angemessenheit, denn es bleibt zunächst noch offen, ob es sich hierbei um einen akuten Behandlungsbedarf oder um eine gesundheitlich unbedenkliche und vertretbare Termingestaltung des betreffenden Arztes handelt. Diese Feststellung gilt unabhängig von den jeweiligen terminlichen Wünschen der betreffenden Patienten. Gleichwohl besteht ein gesundheitspolitisches Interesse dahin gehend, die Unterschiede in den Wartezeiten im nationalen und internationalen Vergleich zu beleuchten, kritisch zu hinterfragen und gegebenenfalls Reformmaßnahmen abzuleiten Mangels offizieller statistischer Daten basieren die jeweiligen Ergebnisse auf diversen Umfragen.

Nach einer repräsentativen Bevölkerungs- bzw. Versichertenbefragung der KBV erhielten im Jahre 2016 43 % der gesetzlich Versicherten am gleichen Tage einen Termin beim Haus- oder Facharzt. Bei den Hausarztterminen liegt dieser Prozentsatz mit 56 % bei gesetzlich und privat Versicherten gleich hoch und bei den Fachärzten fällt er mit 22 % (GKV) zu 23 % (PKV) nahezu identisch aus. Bei einer Wartezeit bis zu einer Woche kommen Versicherte der GKV beim Hausarzt mit 88 % nur geringfügig später zum Zuge als Versicherte der PKV mit 91 %. Beim Facharzt liegt dieses Verhältnis bei 60 % zu 40 % zugunsten der privat Versicherten. Dabei haben sich diese Unterschiede in den Wartezeiten zwischen GKV- und PKV-Versicherten seit den ersten Umfragen in 2008 verringert. Länger als 3 Wochen mussten im Jahre 2016 15 % der gesetzlich Versicherten auf einen Arzttermin warten, wobei hinsichtlich der Bundesländer die Spanne von 10 % in Bremen und im Saarland bis 22 % in Brandenburg reicht. Um diese Situation zu verbessern, installierte die Bundesregierung mit dem Versorgungsstärkungsgesetz bei den KVen regionale Terminservicestellen, die Patienten mit einer als dringlich gekennzeichneten Überweisung innerhalb von 4 Wochen einen Termin beim Facharzt oder Psychotherapeuten vermitteln sollen. Die Inanspruchnahme dieser seit Anfang 2016 existieren Servicestellen fiel mit 110.000 Terminvergaben bei 580 Mio. Behandlungsfällen vergleichsweise niedrig aus.

Im internationalen Vergleich, der auf einer repräsentativen Patientenbefragung des Commonwealth Fund aufbaut, weist Deutschland unter allen in dieser Studie erfassten Ländern durchgängig die geringsten Wartezeiten auf Arzttermine auf. So betrug im Jahre 2016 der Anteil der Befragten, die länger als 2 Monate auf einen Termin beim Facharzt warten mussten, in Deutschland 3 % und z. B. in den Niederlanden 7 %, in Schweden 19 % und in Norwegen 28 %. Der Anteil der Patienten, die am selben oder am nächsten Tage einen Termin beim Hausarzt erhielten, lag im Jahre 2015 in Deutschland mit 64 % deutlich höher als z. B. in den Niederlanden mit 51 %, Norwegen mit 39 % oder Schweden mit nur 19 %. Angesichts dieser Ergebnisse überrascht es nicht, dass im Jahre 2014 in Deutschland nur 9 % der befragten Patienten „keine Wartezeit" als ein wichtiges Kriterium für eine qualitativ hochwertige Gesundheitsversorgung im eigenen Land ansahen bzw. einstuften. Demgegenüber liegen diese Werte z. B. in den Niederlanden mit 23 %, Schweden mit 35 % und Dänemark mit 41 % deutlich höher. An der Spitze rangiert hier Finnland mit 54 %. In diesen Ländern besteht offensichtlich ein virulentes und nachvollziehbares Interesse der Patienten an einer deutlichen Verkürzung der Wartezeiten auf Arzttermine. Diese Befragungen zu den Wartezeiten auf Haus- und Facharzttermine in Deutschland und vor allem entsprechende internationale Vergleiche deuten darauf hin, dass die Bürger bzw. Patienten in Deutschland die derzeitigen Wartezeiten weit weniger problematisch sehen bzw. als relevante Belastung empfinden, als es die Diskussionen in bestimmten politischen Gremien vermuten lassen.

Eine einheitliche Gebührenordnung verspricht für die gesetzlich Versicherten hinsichtlich ihrer Wartezeiten nur eine äußerst geringe Verbesserung, was sich tendenziell schon aus dem Marktanteil der PKV von nur ca. 10,9 % ableiten lässt. Bei einer gleichen Vergabe von Arztterminen, d.h. ohne die Existenz von privat Versicherten, würde sich die Wartezeit auf einen Termin beim Facharzt für die Versicherten der GKV bestenfalls um einen Tag verkürzen. Diese Berechnung lässt vielfältige Umgehungsversuche, die z. B. aus persönlichen und sozialen Beziehungen zu den jeweiligen Ärzten sowie Anreizen durch lukrative Einnahmen aus Zusatzversicherungen oder attraktive Geschenke der Patienten bestehen können, noch außer Betracht. Schließlich gibt es auch im Rahmen des derzeitigen Systems, d.h. bei Fortbestehen der beiden Gebührenordnungen, noch Möglichkeiten, die Wartezeiten der gesetzlich Versicherten noch etwas zu verkürzen. So können z. B. selektive Verträge zwischen den Krankenkassen und ausgewählten Ärzten bestimmte Wartezeiten bindend vorsehen. Bei ihrer hausarztzentrierten Versorgung und den darauf aufbauenden Facharztverträgen vereinbarte z. B. die AOK Baden-Württemberg mit den teilnehmenden Ärzten eine Wartezeit von höchstens 14 Tagen. Zudem könnte eine Änderung der quartalsbezogenen Pauschalen von bestimmten fachärztlichen Leistungen die Wartezeiten ebenfalls noch absenken. Die derzeitige Honorierung setzt finanzielle Anreize, die einzelnen Leistungen einer bestimmten Pauschale nicht in einem Termin zu erbringen, sondern auf zwei Quartale zu verteilen. Insgesamt gesehen bieten die derzeitigen Wartezeiten von GKV- und PKV-Versicherten unter Versorgungsaspekten keinen relevanten Anlass für eine einheitliche Gebührenordnung in GKV und PKV.

4 Weitere Hürden beim Zugang zur Gesundheitsversorgung

Neben langen Wartezeiten können auch ein eingeschränkter Leistungskatalog mit zahlreichen Ausschlüssen, ein verpflichtendes Gatekeeping mit einer Einschränkung der freien (Fach-)Arztwahl und empfindliche obligatorische Zuzahlungen die von den Patienten gewünschte Inanspruchnahme von Gesundheitsleistungen behindern. Die GKV sieht gegenüber anderen sozialen Krankenversicherungssystemen im internationalen Vergleich einen sehr umfangreichen Leistungskatalog vor. Im Unterschied zur GKV enthält z. B. das Basispaket der sozialen Krankenversicherung in den Niederlanden weder physiotherapeutische noch zahnmedizinische Leistungen. Die zahnmedizinische Versorgung gehört in fast keinem der steuerfinanzierten Gesundheitssysteme und auch nicht in der Schweiz zum Katalog der obligatorischen Krankenversicherung. Die Arzneimittelversorgung basiert in nahezu allen Ländern auf Positivlisten, die den Leistungsanspruch der Patienten begrenzen. Dagegen erstattet die GKV als einzige soziale bzw. gesetzliche Krankenversicherung in der Europäischen Union (EU) alle rezeptpflichtigen neuen Medikamente unmittelbar nach ihrer Zulassung.

Verpflichtendes Gatekeeping stellt für die Patienten insofern eine Zugangshürde zur gewünschten Gesundheitsversorgung dar, als es die freie Arztwahl einschränkt. Während die Patienten in der GKV die Freiheit besitzen, zwischen Haus- und Fachärzten nach ihren Präferenzen auszuwählen, sieht ein verpflichtendes Gatekeeping eine Registrierung beim Hausarzt vor und für eine Behandlung beim Facharzt benötigt der Patient entweder eine Überweisung oder er muss sich den Zugang zum Facharzt mit einer Zuzahlung erkaufen. Deutschland bietet in der GKV den Patienten neben einigen wenigen Ländern, wie Luxemburg und Österreich, den freien Zugang zum Facharzt. Eine Einschränkung der Wahlfreiheit liegt allerdings nicht vor, wenn sich ein Versicherter freiwillig in ein Gatekeeping-System einschreibt und damit die Notwendigkeit einer erforderlichen Überweisung zum Facharzt vertraglich akzeptiert.

Empfindliche Zuzahlungen können Patienten, vor allem solche mit niedrigem Einkommen, von einer medizinisch möglicherweise gebotenen Versorgung bzw. ambulanten Behandlung abhalten. In der GKV müssen die Versicherten bzw. Patienten auch im internationalen Vergleich nur moderate Zuzahlungen leisten, wobei zudem noch einkommensabhängige Überforderungsklauseln gelten. Der Anteil der Zuzahlungen, der zu fast 50 % auf die Kostenbeteiligung beim Zahnersatz entfällt, macht derzeit mit sinkender Tendenz etwa 3,2 % an den gesamten Ausgaben der GKV aus. Im Bereich der ambulanten ärztlichen Versorgung erhebt die GKV überhaupt keine Zuzahlungen. Bei der zahnmedizinischen Versorgung weist das deutsche Gesundheitssystem im internationalen Vergleich einen relativ geringen Anteil an Patienten auf, die aus finanziellen Gründen auf eine entsprechende Behandlung verzichten.

In nahezu allen Ländern besitzen die Versicherten die Möglichkeit, für bestimmte erwünschte Leistungen, die der Leistungskatalog der sozialen Krankenversicherung nicht bietet, eine private Zusatzversicherung abzuschließen oder die betreffenden Leistungen aus eigener Tasche zu begleichen. Es liegt nahe, dass gerade in Ländern mit einem eingeschränkten Leistungskatalog in der sozialen Krankenversicherung, starker Rationierung und obligatorischem Gatekeeping mit langen Wartezeiten zahlreiche Versicherte auf den privaten Krankenversicherungsmarkt ausweichen. In Großbritannien z. B. sehe sich die Versicherten, die eine Rationierung von Leistungen oder zu lange Wartezeiten umgehen möchten, gezwungen, die gesamte Gesundheitsversorgung ohne eine Verrechnung mit der Leistungsgewährung des National Health System (NHS) privat abzusichern oder aus eigener Tasche zu bezahlen. Die Klassenunterschiede in der ambulanten medizinischen Versorgung fallen deshalb in den meisten steuerfinanzierten Gesundheitssystemen erheblich stärker aus als in Deutschland, wo die GKV mit einem sehr umfangreichen Leistungskatalog, einer moderaten Zuzahlung, freier Arztwahl und geringen Wartezeiten allen Versicherten eine qualitativ hochwertige Gesundheitsversorgung garantiert.

Unabhängig von der Finanzierung der jeweiligen Gesundheitssysteme besteht in fast allen europäischen Ländern im ambulanten Bereich eine ungleiche Verteilung der niedergelassenen Ärzte zwischen Ballungszentren und strukturschwachen ländlichen Regionen. Insofern steht auch die Gesundheitspolitik in Deutschland vor der Aufgabe, den Bürgern eine flächendeckende medizinische Versorgung auf einem gleich hohen Niveau zu gewährleisten. In diesem Kontext bewirkt eine einheitliche Gebührenordnung, dass wegen regional unterschiedlicher Verteilung der privat Versicherten bei einer aufkommensneutralen Einebnung von EBM und GOÄ die niedergelassenen Ärzte in den Ballungszentren geringere und diejenigen in den strukturschwachen Gebieten höhere Honorare erhielten. Diese regionale Umverteilung der Honorare könnte im Sinne der Befürworter einer einheitlichen Gebührenordnung der Landflucht der niedergelassenen Ärzte entgegenwirken. Diese These überschätzt jedoch die Bedeutung der Honorare auf die Standortwahl niedergelassener Ärzte. Zunächst erzielen die Haus- und Fachärzte in strukturschwachen ländlichen Gebieten schon heute tendenziell nicht niedrigere, sondern häufig höhere Honorare als in Ballungsgebieten, wenn auch mit einem spürbar vermehrten Arbeitseinsatz. Zudem spielt für die Niederlassungsentscheidungen der ambulant tätigen Ärzte, wie Umfragen belegen, das Umfeld für die Familie, d.h. die Arbeitsmöglichkeiten für den Partner, die Betreuungs- und Bildungsmöglichkeiten für die Kinder, die Verkehrsstruktur und die Freizeitangebote die entscheidende Rolle und erst danach kommen finanzielle Faktoren. Schließlich besitzen die KVen die Möglichkeit, mit Hilfe von Sicherstellungszuschlägen nach § 105 SGB V niedergelassene Ärzte in diesen Regionen finanziell zu unterstützen.

5 Fazit: Einheitliche Gebührenordnung mit mehr Nach- als Vorteilen für die Versicherten

Die GKV zeichnet sich im internationalen Vergleich der sozialen Krankenversicherungssysteme durch eine einmalige Kombination aus umfangsreichem Leistungskatalog, unbegrenzter Wahlfreiheit zwischen Haus- und Fachärzten, geringen Wartezeiten der Patienten, moderaten Zuzahlungen und schnellem Zugang zu innovativen Behandlungsmöglichkeiten aus. Diese Vorzüge bei der Inanspruchnahme der gewünschten Gesundheitsleistungen erwachsen für die gesetzlich Versicherten auch aus der Dualität zwischen GKV und PKV sowie den zugehörigen unterschiedlichen Gebührenordnungen. Da im Unterschied zur GKV die PKV auch im ambulanten Bereich keinen Erlaubnisvorbehalt für neue Gesundheitsleistungen durch den GBA kennt und diese auch höher vergütet, übernimmt sie im Gesamtsystem die Rolle des Vorreiters bei Innovationen. Dadurch gerät die GKV in politischer und wettbewerblicher Hinsicht quasi unter Zugzwang, sodass mittelbar auch die Versicherten der GKV von der innovativen Flexibilität der PKV profitieren. Ein für die Gesamtheit der niedergelassenen Ärzte aufkommensneutraler Übergang zu einer einheitlichen Gebührenordnung würde den Versicherten der GKV zunächst eine Erhöhung ihrer Betragssätze, aber nahezu keine Vorteile bei den Wartezeiten bringen. Zudem droht dieser Eingriff in die bestehende Dualität der beiden Systeme die derzeitigen im internationalen Vergleich nahezu einmaligen Zugangsmöglichkeiten der gesetzlich Versicherten zu den gewünschten Gesundheitsleistungen auf Dauer zu gefährden.

Nach einer Umfrage des Instituts für Demoskopie Allensbach bewerten 91 % der privat Versicherten und 86 % der gesetzlich Versicherten die

Gesundheitsversorgung in Deutschland als „gut" oder „sehr gut". Mit ihrer eigenen medizinischen Versorgung äußerten 96 % der privat Versicherten und 85 % der gesetzlich Versicherten ihre Zufriedenheit. Diese äußerst positive Resonanz bei den Bürgern schließt nicht aus, dass das deutsche Gesundheitssystem noch zahlreiche Möglichkeiten, insbesondere an den Schnittstellen der Leistungssektoren, für eine Verbesserung von Effizienz und Effektivität der Versorgung bietet. Zu den hierzu erforderlichen Reformen gehört eine einheitliche Gebührenordnung jedoch eindeutig nicht. Die teilweise ideologische Debatte um dieses Thema lenkt eher von den eigentlichen Problemen des deutschen Gesundheitswesens ab.

Literatur

Bundesministerium für Gesundheit, Hrsg. (2017), Endgültige Rechnungsergebnisse der GKV.KJ1-Statistik, Bonn.

Finkenstädt, V. (2017), Wartezeiten auf Arzttermine. Eine methodische und empirische Kritik der Debatte, in: WIP-Diskussionspapier 3/2017, Dezember.

Finkenstädt, V. (2017), Zugangshürden in der Gesundheitsversorgung. Ein europäischer Vergleich. Köln.

Friedrich-Ebert-Stiftung (2016), Positionspapier „Der Weg zur Bürgerversicherung. Solidarität stärken und Parität durchsetzen", 24/2016, Bonn.

Hagemeister, S. und Wild, F. (2017), Mehrumsatz und Leistungsausgaben in der PKV, Jahresbericht 2017, WIP-Diskussionspapier 1/17, Köln.

Loskamp, N. et al. (2017), Medizinisch-technischer Fortschritt als Ergebnis des Systemwettbewerbs zwischen GKV und PKV Die Rolle der Privaten Krankenversicherung (PKV), in: RPG, 23(1), S. 10–26.

Kaiser, H.-J. (2017), Experiment Bürgerversicherung, Bedrohung der medizinischen Infrastruktur, herausgegeben vom Verband der Privatärztlichen Verrechnungsstellen (PVS) Berlin.

Kassenärztliche Bundesvereinigung-KBV (2017), Versichertenbefragung der Kassenärztlichen Bundesvereinigung 2017: Die 17 Kassenärztlichen Vereinigungen, Mai/Juni 2017.

Köster, A.-D. (2014), Der Systemwettbewerb als Innovationsmotor, in: Welt der Krankenversicherung, 2–3/2014, S. 45–49.

Loskamp, N., Genett, T., Schaffer, D. und Schulze Ehring, F. (2017), Medizinisch-technischer Fortschritt als Ergebnis des Systemwettbewerbs zwischen GKV und PKV. Die Rolle der Privaten Krankenversicherung

(PKV), in: Gesellschaftspolitische Kommentare, Jg. 58, Sonderausgabe 1/2017.

Neubauer, G. (2012), Einheitliche Vergütung. Ein Bollwerk gegen Zweiklassenmedizin? Arbeitsgemeinschaft zur Förderung gesundheitspolitischer Bestrebungen e.V. Folien eines Vortrags am 16. Mai 2012 in Köln.

Niehaus, F. (2015), Der überproportionale Finanzierungsbeitrag privat versicherter Patienten im Jahr 2013, WIP-Diskussionspapier 2/15, Köln.

OECD (2016), Health at a Glance. Paris.

Sachverständigenrat zur Begutachtung der Entwicklung im Gesundheitswesen (2012), Wettbewerb an der Schnittstelle zwischen ambulanter und stationärer Gesundheitsversorgung. Sondergutachten 2012, Bonn.

Schaffer, D. und Schulze Ehring, F. (2017), Transaktionskosten der Bürgerversicherung: Wer bezahlt Was für die Bürgerversicherung, in RPG, 23(3), S. 89–96.

Schmid, K., Marten, O., Kühne, C., Zeidler, J. und Frank, M. (2017), Einflussfaktoren auf die Standortwahl von hausärztlichen Land- und Stadtärzten in Niedersachsen, in: Gesundheitsökonomie & Qualitätsmanagement, 22. Jg., S. 280–289.

Statistisches Bundesamt (2017), GBE-Bund. Gesundheitsberichterstattung des Bundes, Wiesbaden.

vbw – Verband der Bayerischen Wirtschaft (2017), Position. Leitlinien für ein Gesundheitssystem mit Zukunft, Stand: Juni 2017, München.

Walendzik, A. Kernelemente einer ambulanten ärztlichen Gebührenordnung in einem einheitlichen Krankenversicherungssystem, in: GGW 13(2), S. 16–24.

Wasem, J. et al. (2013): Ambulante ärztliche Vergütung in einem einheitlichen Versicherungssystem. Kompensation ärztlicher Einkommensverluste in der Konvergenz? Baden-Baden, Nomos.

Wasem, J. et al. (2013), Ein einheitliches Vergütungssystem für die ambulante ärztliche Versorgung. Zur Diskussion über eine mögliche Kompensation des zu erwartenden Honorarausfalls, Studie unterstützt durch eine Förderung der Techniker Krankenkasse, Duisburg, Essen.

Zeitgespräch (2012), Dualität aus gesetzlicher und privater Krankenversicherung überholt?, mit Beiträgen von Klaus Jacobs, Friedrich Breyer, Jürgen Wasem, Anke Walendzik und Klaus-Dirk Henke, in: Wirtschaftsdienst, 10(3), S. 651–666.

Michael Hennrich

Nach der Wahl ist vor den Gesetzen: Was uns in der Gesundheitspolitik erwartet

Auf den Tag genau vor zwei Monaten fand die Bundestagswahl statt. Noch nie war es so lange nach einer Wahl schwerer abzusehen, wie eine künftige Bundesregierung aussehen könnte: Die Verhandlungen für eine sog. Jamaika-Koalition aus CDU, CSU, FDP und Grünen sind nach dem Abbruch der Gespräche durch Christian Lindner gescheitert.

In einer Jamaika-Koalition wäre die Gesundheitspolitik kein besonders zentrales Feld gewesen. Nur ungefähr anderthalb Seiten des Sondierungspapiers drehten sich darum. Klar erkennbar war, dass Verbesserungen in der Pflege, vor allem für die dort arbeitenden Menschen, schnell mit einem Sofortprogramm angepackt worden wären.

Weitere Überlegungen zu diesem Bündnis sind aber müßig. Die Art und Weise, wie die Liberalen die Sondierungsgespräche beendet haben, machen eine weitere Zusammenarbeit zumindest für diese Legislaturperiode nicht mehr denkbar. Demnach rechnerisch und politisch als letzte Möglichkeit einer Mehrheitsregierung vorstellbar wäre nur die Neuauflage der Großen Koalition aus CDU, CSU und SPD. Auch dorthin führt nach der kompletten Absage an eine weitere Regierungsbeteiligung durch die SPD unmittelbar nach der Bundestagswahl ein zumindest steiniger Weg.

Dennoch lohnt sich ein Blick auf die in der Gesundheitspolitik anstehenden Themen. Bei einigen Punkten ist der Handlungsbedarf unabhängig von der Regierungskonstellation allgemein anerkannt und wir streiten mit den politischen Mitbewerbern bloß darüber, was die besten Rezepte sind. In anderen Bereichen beginnen die Diskussionen schon bei der Frage, ob überhaupt etwas zu tun ist.

1 Krankenversicherung

Überraschend, da die Thematik im Rahmen des Wahlkampfes höchstens eine untergeordnete Rolle spielte, steht das Thema Bürgerversicherung unmittelbar, seit die SPD mit der Frage eines erneuten Eintritts in die Bundesregierung konfrontiert ist, wieder auf der Tagesordnung. Das ist insofern konsequent, da nach vier Jahren gemeinsamer – und guter – Regierungsverantwortung wenig originäre SPD-Themen völlig unbearbeitet geblieben sind. Klar ist aber auch, dass CDU und CSU eine einheitliche Bürgerversicherung für alle weiterhin ablehnen. Die Argumente einer herbeigeredeten Ungerechtigkeit der Zwei-Klassen-Medizin durch die politische Linke ist nichts Neues. Was die Qualität von Behandlung und Versorgung angeht, sind Unterschiede zwischen Patienten beider Versicherungssysteme tatsächlich nicht vorhanden. Gerade wenn es um die Behandlung ernsthafter Erkrankungen geht, bekommen alle Patienten in Deutschland das bestmögliche Behandlungsniveau auf internationalem Spitzenniveau zur Verfügung gestellt. Eine Bürgerversicherung würde nicht nur eine lange und für alle Beteiligten belastende Umstellungsphase bedeuten. Auch die rechtlichen und finanziellen Probleme machen die Umstellung zur Bürgerversicherung zur Gefahr für unser Gesundheitssystem.

Nach allgemeiner verfassungsjuristischer Meinung läge mit einer allgemeinen Bürgerversicherung, die ab Inkrafttreten eines entsprechenden Gesetzes, auch die zuvor Privatversicherten in dieses System überführt, ein Verstoß gegen das Grundrecht auf Eigentum der Versicherten gem. Art. 14 Abs. 1 S. 1 GG vor. Dies gilt vor allem mit Blick auf die Altersrückstellungen, die durch diese Norm wie Eigentum geschützt sind. Verfassungskonform könnte die Einführung nur mit einer Übergangsfrist sein, die so lange gilt, bis der letzte Privatversicherte „ausgestorben" ist. Dieses Nebeneinander eines sog. allgemeinen Systems und einer Rest-PKV ist nicht vorstellbar. Es würde zum finanziellen Kollaps führen.

Jede Umstellung am Krankenversicherungssystem muss so ausgestaltet sein, dass Qualität und Finanzierung der Leistungen gewährleistet sind. Eine Abschaffung der PKV als Säule der Versorgungsfinanzierung müsste die Bürgerversicherung auffangen. Die Tatsache, dass die 10 % Privatversicherten in Deutschland 15 bis 25 % der Kosten des Gesundheitssystems tragen, bedeutet eine massive Mehrbelastung der bisherigen GKV-Mitglieder durch die Bürgerversicherung. Ohne Not würde unser derzeit gut funktionierendes Krankenversicherungssystem also beseitigt.

Nachjustierungen bei der Krankenversicherung sind gleichwohl nötig. Zum einen müssen die Rahmenbedingungen der PKV weiterentwickelt werden, damit diese auch in Zukunft nachhaltig finanziert ist. Zum anderen muss man sich demnächst mit der Verteilung der Mittel aus dem Gesundheitsfonds befassen müssen. Unter anderem auf Grundlage des Sondergutachtens zur Evaluation des Risikostrukturausgleichs des Wissenschaftlichen Beirats beim Bundesversicherungsamt stehen hier große Debatten an. Ziel ist es, die solidarische

Wettbewerbsordnung fair weiterzuentwickeln und Manipulationsanfälligkeit abzubauen.

Im Übrigen sollte eine einheitliche Gebührenordnung bei der ambulanten Versorgung für beide Patientengruppen auf den Weg gebracht werden, um mehr Transparenz und Vergleichbarkeit herzustellen. Unter anderem auch die Ärzteschaft hat es leider nicht geschafft, den Vorwurf der Zwei-Klassen-Medizin auszuräumen, auch wenn es bei den gefühlten Ungerechtigkeiten in aller Regel nicht um qualitative Unterschiede der Behandlung von GKV- und PKV-Patienten geht. Ein „Aufreger", der regelmäßig aus den Wahlkreisen vermeldet wurde, waren teilweise unterschiedliche Wartezeiten. Dabei zentral ist, dass eine Einheitliche Gebührenordnung den Leistungserbringern keine finanziellen Einbußen bringen darf. Das würde die Versorgung der Patienten sonst sehr schnell gefährden. Gleichzeitig hätte die Ärzteschaft den Vorteil, dass die lästige Budgetierung der Vergangenheit angehören würde. Gleich gute Leistungen würden gleich gut bezahlt. Auch Selektivverträge und kassenindividuelle Vereinbarungen wären weiterhin möglich. Letztlich ist dieses Modell auch Grundlage dafür, die Eigenverantwortung der Patienten zu stärken.

Dieser Vorschlag ist mit den SPD-Ideen nicht vergleichbar, denn die Dualität zwischen beiden Versicherungssystemen wird erhalten und die die PKV-Finanzierung wird zukunftsfester. Zusätzliche Leistungen über den bisherigen GKV-Katalog hinaus könnten weiterhin über GKV-Zusatzversicherungen sowie den regulären PKV-Tarif abgedeckt werden. Mit den DRGs bei der stationären Krankenhausbehandlung sowie mit AMNOG bei den Arzneimittelpreisen wurde dieser Weg bereits erfolgreich gegangen – auch hier gegen anfängliche Widerstände.

2 Pflege

Die Debatten im Wahlkampf sowie die Alltagsberichte aus Pflegeheimen, Krankenhäusern und von betroffenen Familien machen eine Verbesserung der Situation der Pflegenden zu einem der vorrangigsten gesundheitspolitischen Themen. Bereits in der vergangenen Legislaturperiode haben wir mit den Pflegestärkungsgesetzen wichtige legislative Verbesserungen verabschiedet. Die Einführung eines neuen Pflegebedürftigkeitsbegriffs und Umstellung von drei Pflegestufen auf fünf Pflegegrade bildet die Bedürfnisse der zu pflegenden Menschen besser ab. Vor allem dementielle Erkrankungen können nun besser berücksichtigt werden. Die Neuordnung der Pflegeberufe mit der Option zur generalistischen Pflegeausbildung bei gleichzeitiger Abschaffung des Schulgeldes macht die

Pflegeberufe attraktiver und kann dafür sorgen, dass die vorhandenen Pflegekräfte flexibler eingesetzt werden können.

Es ist davon auszugehen, dass sehr schnell nach einer Regierungsbildung
die Rahmenbedingungen für die in den Pflegeberufen arbeitenden Menschen
verbessert werden. Die Forderungen nach einer besseren Vergütung sind nicht
überhörbar. Politische festgelegte Löhne wird es dennoch nicht geben. Vorstellbar wäre aber beispielsweise, dass Maßnahmen getroffen werden, um Tarifver-
träge wirklich flächendeckend für allgemeinverbindlich zu erklären.

Darüber hinaus wird für Krankenhäuser und die weiteren Pflegeeinrichtun-
gen mehr Personal gefordert. Zunächst müssen dafür Gelder zur Verfügung
gestellt werden. Das ist in Zeiten guter Konjunktur vorstellbar. Die vielleicht
noch größere Herausforderung ist allerdings die Besetzung neu geschaffener
Stellen. Es ist nicht so, dass in Deutschland massenhaft arbeitslose Pflegekräfte
auf dem Markt wären. Wird nun auf Ausbildung neuer Kräfte gesetzt, wird es
einige Jahre dauern, bis sich erste Erfolge zeigen. Deshalb werden Pflegeeinrich-
tungen um die Anwerbung ausländischer Arbeitnehmer nicht umhin kommen.
Ein allgemeines, das heißt auch für andere Sektoren anwendbares, Fachkräfte-
zuwanderungsgesetz ist deshalb notwendig. Es kann endlich gebündelt und mit
der gebotenen Klarheit die Zuwanderung in den Arbeitsmarkt regeln. Bisher
war der Aufwand zur Einstellung ausländischer Arbeitnehmer mehr Herausforderung als Chance.

3 Digitalisierung

Dass die Digitalisierung für alle Lebensbereiche ein Megathema ist, dem sich
nicht zu verschließen ist, ist nicht neu. Zugegebenermaßen ist die Wucht dieser Entwicklung im Gesundheitssystem noch nicht angekommen. Von flä-
chendeckender Digitalisierung des Gesundheitswesens kann nicht die Rede
sein. Arztbriefe, Rezepte, Medikationspläne, Behandlungsdokumentation oder
Patientenakten werden finden in erster Linie analog auf dem Papier statt, um
nur einige Beispiele zu nennen. Zwar rollen beispielsweise einige Krankenver-
sicherungen für ihre Versicherten digitale Angebote aus. Das ist einerseits zu
begrüßen, andererseits bergen solche Insellösungen die Gefahr, dass die Daten
zwischen ihnen nicht transferiert werden können. Interoperabilität muss deshalb
bei allem Verständnis für forsches und innovatives Vorgehen ein Gebot sein. Das
bereits eingeführte Interoperabilitätsverzeichnis kann hier nur der Auftakt für
eine konsequente Standardisierung sein.

Die Elektronische Gesundheitskarte, eigentlich schon seit über zehn Jahren
vom Gesetzgeber gewünscht, wird hoffentlich im kommenden Jahr endlich bei

den Patienten ankommen. Ihre Genese ist ein Lehrbeispiel dafür, wie es nicht laufen soll. Die Gesellschafter der speziell dafür eingerichteten Gematik haben mehr den Eindruck vermittelt, dass sie verhindern als beschleunigen möchten. Dies darf sich nicht wiederholen. Wenn also erneut die Selbstverwaltung mit der Umsetzung wichtiger Digitalisierungsprojekte betraut wird, braucht es gesetzliche Fristen, deren Nichteinhaltung sanktioniert wird.

Zwar kommen weitere Projekte, wie die Videosprechstunde ganz gut voran. Dennoch hält die Implementierung im Gesundheitswesen dem Tempo der Digitalisierung nicht Schritt. Die klar formulierte Erwartungshaltung der Politik an alle Beteiligten ist es, ihren Beitrag zu leisten, damit der große Wurf gelingt. Die Politik tut gerne ihr Mögliches. Zu denken ist an die Schaffung neuer Abrechnungsziffern und einheitlicher Standards.

4 Arzneimittel

Der Pharmadialog war in den vier Jahren ein zentrales Forum zur Diskussion der arzneimittelpolitischen Themen und Impulsgeber für die Gesetzgebung, insbesondere beim Arzneimittelversorgungsstärkungsgesetz (AMVSG). Dieses Gesprächsformat sollte künftig beibehalten werden.

Große Weichenstellungen stehen bei den Arzneimitteln derzeit nicht an. Tatsächlich hat sich inzwischen das AMNOG-System gut etabliert und bewährt. Wo sich aus der Praxis heraus Verbesserungsbedarf ergibt, kann aufgrund des Austausches zwischen Krankenkassen, pharmazeutischen Herstellern, Wissenschaft und Selbstverwaltung zügig nachjustiert werden.

Das Urteil und der vorausgegangene Beschluss des Landessozialgerichts zur Mischpreisfindung der Schiedsstelle haben in der Branche zunächst für einige Unruhe gesorgt. Galt die Wirtschaftlichkeit eines Mischpreises gem. § 130b SGB V zuvor als legitim, kann ein solcher Preis inzwischen infrage gestellt werden. Ausgangspunkt war eine Klage des GKV-Spitzenverbands gegen die Schiedsstelle. Der Senat sieht nunmehr unter Verweis auf § 130b SGB V und das Wirtschaftlichkeitsgebot nur sehr enge Grenzen in den Fällen, in denen nur bei einigen Subgruppen für einen Wirkstoff ein Zusatznutzen erkannt wird. Ein Mischpreis könne nicht dazu führen, dass für eine Patientengruppe ohne Zusatznutzen ein höherer Preis als der der zweckmäßigen Vergleichstherapie bezahlt werde.

Zu wenig wird der Fokus darauf gerichtet, was das eigentliche Klagebegehren war. Letztlich geht es im Urteil um die Begründung des Schiedsspruches. Das Schiedsverfahren ist ein Verwaltungsverfahren nach § 8 SGB X. Damit sind an die Begründung die Maßstäbe eines Verwaltungsaktes anzulegen. Das heißt, dass die wesentlichen Beweggründe zur Findung genau dieser Preishöhe dargelegt werden müssen. Dies war offensichtlich in der Vergangenheit nicht immer der Fall. Dieser Punkt erfordert keine neue Gesetzgebung, sondern lediglich eine gründlichere Beachtung der einschlägigen sozial- und verwaltungsrechtlichen Vorgaben.

Das LSG nimmt sein Urteil auch zum Anlass, generell Mischpreise infrage zu stellen. Die Schärfe dieser Kritik scheint sich allerdings zwischen in der mündlichen Verhandlung Gesagtem, der Begründung des Beschlusses über den einstweiligen Rechtsschutz sowie im schließlich gefundenen Urteil zu unterscheiden und abzumildern. Zu Recht. Denn zum einen war ein Mischpreis in gewisser Weise schon bei der Gesetzgebung zum AMVSG gewollt. Indikationsspezifische Preise pro Medikament sind faktisch nicht vorstellbar.

Weiterhin hat sich die Rechtslage seit dem gerichtlichen Verfahren entwickelt. Mit dem AMVSG wurde § 130b Abs. 3 SGB V so geändert, dass nun für Arzneimittel, die laut G-BA-Beschluss keinen Zusatznutzen haben, ein Erstattungsbetrag vereinbart werden „soll", der nicht zu höheren Jahrestherapiekosten führt als die zweckmäßige Vergleichstherapie. Wenn also diese neue und mildere Soll-Bestimmung für Arzneimittel gilt, die überhaupt keinen Zusatznutzen bieten, dann muss diese Regelung erstrecht für Arzneimittel gelten, die zumindest in einigen Subgruppen einen Zusatznutzen haben.

Nun gilt es, das Urteil des Bundessozialgerichts im Rahmen der Revision abzuwarten. Gleichwohl ist ein gesetzliches Bekenntnis zum Mischpreis bei einer irgendwann im Laufe der Legislaturperiode anstehenden Arzneimittel-Novelle denkbar. Dies gilt insbesondere deshalb, damit die Ärzteschaft sich nicht einem Regressrisiko bei der Verschreibung von mit Mischpreisen belegten Arzneimitteln ausgesetzt sieht.

Beim Arztinformationssystem (AIS) liegt das Heft des Handelns derzeit nicht mehr beim Parlament, sondern beim Bundesgesundheitsministerium, das mit dem AMVSG zum Erlass einer entsprechenden Verordnung ermächtigt wurde. Allen, die schon heute die verordnenden Ärzte dem absoluten Wirtschaftlichkeits- und Sparsamkeitsdiktat ausgesetzt sehen und sogar ins Blaue hinein die Widerrechtlichkeit dieses noch nicht einmal vom BMG abschließend definierten AIS befürchten, sei geraten zunächst die konkrete Ausgestaltung der Verordnung und ihre technische Umsetzung abzuwarten. Auch hier gilt: Wo Verbesserungen notwendig sind, können sie eingepflegt werden und das System insgesamt ist, wie im Vorjahresbeitrag beschrieben, möglicherweise erst der Einstieg der Verordnungspraxis in die vernetzte Welt. Wenn sich diese Chancen zur Schaffung eines Versorgungsregisters als weiterer Stufe des AIS bieten, sollten sie ergriffen werden. Möglicherweise kann es dann gelingen, im Arzneimittelbereich plötzlich zum Vorreiter in Sachen Digitalisierung und Versorgungsforschung zu werden.

Insgesamt erleben wir spannende und vor allem innovative Entwicklungen der Arzneimittelbranche – genannt seien nur exemplarisch die Sicherheit in der Versorgung, Biopharmazeutika Biosimilars sowie weitere neue Therapieansätze –, die in aller Regel nicht zwingend neue Gesetzgebung erfordern. Die Legislative hat ihren Fokus zunächst beobachtend darauf gerichtet. Sollte sich die Notwendigkeit ergeben, wird dennoch schnell gehandelt werden.

Josef Hecken

Arzneimittelversorgung im Wandel Neuerungen durch das GKV-AMVSG

1 Einleitung

Der Gemeinsame Bundesausschuss (G-BA) ist das oberste Beschlussgremium der gemeinsamen Selbstverwaltung. Es setzt sich zusammen aus Kostenträgern, Vertragsärzten, Vertragspsychotherapeuten, Krankenhäusern, Vertragszahnärzten und Patientenvertretern. Die Aufgaben des G-BA konkretisieren sich in § 12 SGB V in dem festgelegt wird, dass der Versicherte Anspruch auf ausreichende, wirtschaftliche und zweckmäßige Versorgung hat, die das Maß des Notwendigen nicht überschreitet. In diesem Spannungsfeld bewegt sich der G-BA und legt in Richtlinien und Beschlüssen verbindlich fest, welche Leistungen diesen Anspruch konkretisieren.

1.1 Die Ausgangssituation

Im Jahr 2015 betrugen die Leistungsausgaben der Gesetzlichen Krankenversicherung (GKV) 202 Mrd. €. Auf den Bereich des Krankenhauses entfielen 70,3 Mrd. €, auf den Bereich der Arzneimittel 34,8 Mrd. €, auf den Bereich der Heil- und Hilfsmittel 13,7 Mrd. € und auf den Bereich der Ambulanten Versorgung 34,9 Mrd. €.

Gleichzeitig befindet sich die Bundesrepublik Deutschland nach der Bevölkerungsvorausberechnung des Statistischen Bundesamtes in einer Situation, dass der Anteil der über 67-Jährigen in den nächsten Jahren kontinuierlich steigt bei gleichzeitigem Rückgang des Erwerbstätigenteils der Bevölkerung zwischen 20 und 67 Jahren, sodass neue Entwicklungen zwar absehbar sind, aber mit vorhersehbar belastender Wirkung auf das Gesundheitswesen treffen.

Dieses gilt in besonderem Maße in der Gesetzlichen Krankenversicherung. So zeigt sich, dass gerade der ältere Teil der Bevölkerung, verglichen mit den Beitragszahlungen der Gesetzlichen Krankenversicherung, einen unterdurchschnittlichen Anteil pro Kopf einnimmt, bei den Leistungsausgaben jedoch einen überdurchschnittlichen Teil. Aus den Zahlen des Jahres 2006 konnte ermittelt werden, dass die Leistungsausgaben bei ca. 50 % für den alten Teil und zu 50 % bei dem jüngeren Teil der Bevölkerung liegen. Eine Feststellung, die unverändert ihre Gültigkeit hat. Gleichzeitig leistet der Anteil der Rentner allerdings nur einen Anteil zu den Beitragseinnahmen der GKV unter 25 %.

Vor diesem Hintergrund ist es nicht verwunderlich, dass die vor uns stehende demografische Entwicklung mehrere negative Implikationen auf die Versorgung der GKV mit sich bringen kann. Patienten werden bei steigender Fallzahl älter und multimorbider. Gleichzeitig wird wegen niedrigerer Alterseinkünfte der Anteil geringer, den die Rentner selbst zur Finanzierung ihrer naturgemäß höheren Krankheitskosten beitragen können. Daneben werden die Behandlungen nicht zuletzt aufgrund des medizinisch-technischen Fortschritts komplexer und teurer.

Zu dieser Entwicklung zeigt sich bereits jetzt, dass ein wachsender Bedarf an Personal für die Versorgung in der GKV und der Gesundheitsversorgung der Bundesrepublik Deutschland im Allgemeinen notwendig werden wird. Ein Handlungsfeld, welches die zukünftige Entwicklung und auch die jetzige vor große Herausforderungen stellt. Der Anteil der Erwerbstätigen an der Gesamtbevölkerung schrumpft, gleichzeitig ist auch die Personalgewinnung – gerade im Bereich der Pflege und Ärzte – mit zunehmendem Komplexitätsgrad versehen. Schnell werden in diesem Kontext dann Lösungswege wie offene Rationierung über QALYS – ähnlich wie wir es aus Großbritannien kennen – angeführt, die allerdings unethisch und mit dem Sozialstaatsprinzip nicht vereinbar sind.

Andere Diskussionen richten sich hin zu einem höheren Anteil der Gesundheitsausgaben am Bruttoinlandsprodukt, gepaart mit Nutzen- und Methodenbewertungen, gemeinsamer Betrachtung ambulanter und stationärer Bedarfsgruppen, Qualitätssicherung mit stärkerem Augenmerk auf Diagnose und Indikationsqualität und stärkere, dann auch konkret-individuelle Betrachtung der Lebensqualität des Patienten und individuellen Values bei der Therapieentscheidung und anderer Modellierungen, um die Gesundheitsausgaben noch gezielter in solche Bereiche zu lenken, die auch einen positiven Impact für die Versorgung mit sich bringen.

2 Das AMNOG

Mit den Regelungen des Arzneimittelmarktneuordnungsgesetzes AMNOG ab dem Jahr 2011 wurde die wohl am meisten beachtete Aufgabe des G-BA im Arzneimittelbereich etabliert – nämlich die frühe Nutzenbewertung von Arzneimitteln. Es stellt sich die Frage, hat der G-BA hier eine Regelung umzusetzen, die außerhalb anderer Regelungen im Rahmen der Arzneimittelverordnung innerhalb der Europäischen Union oder gar weltweit steht? Ein Blick in die Regularien anderer Länder zeigt, dass die meisten von ihnen ähnliche, vergleichbare oder sogar ausgefeiltere Systeme für die Etablierung eines Nutzenbewertungsregimes vorsehen.

So gibt es in den USA versicherungsbasierte Verhandlungen und Vertragsbedingungen im Rahmen des Versicherungsmarkts mit einer Tendenz zu einer immer feingliedrigeren Beurteilung der Wirksamkeit neuer Arzneimitteln. In Deutschland genauso wie in Frankreich, Italien, Spanien und Japan wird eine Bewertung auf Grundlage einer Analyse durchgeführt. Man spricht hier von komparatorbasierten Bewertungen oder Referenzkategorien. In anderen Ländern, wie Australien, Kanada, Korea, Schweden oder dem Vereinigten Königreich gibt es für die Preisbildung sogar eine gesundheitsökonomische Bewertung. Als Instrument wird hier u. a. die Kosteneffektivität oder die Kosten-Nutzen-Analyse angewendet. Im Ergebnis muss man feststellen, dass das deutsche AMNOG in dem Arsenal kein Sonderweg ist, sondern Nutzenbewertung patentgeschützter Arzneimittel im internationalen Vergleich weder ein Tabubruch, noch – wie häufig zu lesen – einen Widerspruch zur arzneimittelrechtlichen Zulassung darstellt.

Dennoch ist das AMNOG in Deutschland als ein lernendes System zu bezeichnen. So wurde im Laufe der Jahre die Erweiterung der Auswahlmöglichkeiten für die zweckmäßige Vergleichstherapie etabliert. Daneben wurden gemeinsame frühe Beratungen von Phase-III-Studien auf EMA- oder BfArM-/PEI-Ebene gestaltet. Auch gesetzlich gab es die Anpassung und Flexibilisierung des § 130b SGB V „Erstattungsbetrag". Daneben wurden Evidenztransfers bei PUMA-Arzneimitteln zugelassen oder die Zusammenfassung von Dossiers bei Anwendungsgebietserweiterungen. Bei Unvollständigkeit von Dossiers wurde ein unechter Clock-Stop eingeführt und es wurden partielle Verordnungsausschlüsse möglich gemacht, wie bei PCSK-9-Inhibitoren.

Unkenrufe, die die Befürchtung laut werden ließen, dass das AMNOG eine innovative Arzneimittelversorgung gefährdet, haben sich im Laufe der Jahre nicht bewahrheitet. Bei 243 bislang durchgeführten Nutzenbewertungsverfahren gab es lediglich 24 Marktaustritte.

Bei 243 Bewertungen haben 56 % einen positiven Zusatznutzen ergeben. 38 x wurde ein nicht-quantifizierbarer Zusatznutzen ausgesprochen, 2 x ein erheblicher, 55 x ein beträchtlicher und 40 x ein geringer Zusatznutzen.

Die Bewertungsbilanz zeigt noch positivere Ergebnisse alleine bezogen auf onkologische Arzneimittel. Onkologische Arzneimittel durchwanderten 88 x das Verfahren der frühen Nutzenbewertung, 21 x wurde ein nicht quantifizierbarer,

Abb. 1: Ergebnisse der frühen Nutzenbewertung.

32 x ein beträchtlicher, 1 x ein erheblicher und 14 x ein geringer Zusatznutzen festgestellt.

Mit Blick auf das vorher Gesagte zur demografischen Entwicklung ist besonders anzumerken, dass sich eine klinische Entwicklung in der Onkologie etabliert hat, die zu steigenden Ausgaben führt. So lässt sich eine Tendenz zur Personifizierung oder Stratifizierung von neuen Wirkstoffen hin zu immer kleineren Subgruppen der Erkrankungen erkennen, die dort wirksam sind, und einem Preisniveau, das für die Subgruppen stetig ansteigend ist. Des Weiteren gewinnen Chronifizierung und Sequenztherapie mehr an Gewicht. Eine Erkrankung kann durch Dauertherapie und Therapiewechsel bei Resistenzbildung kontrolliert und längerfristig behandelt werden. Weiterhin zeigt sich ein Trend hin zu Kombinationstherapien, der sich dadurch manifestiert, dass unterschiedliche Therapieprinzipien nach individueller Tumorsensitivität kombiniert und angewendet werden. Alle Entwicklungen, die tendenziell zu steigendem Preisniveau bei längerer Behandlungsdauer und längeren Überlebensraten aber auch deutlich steigenden Kosten führen.

Dies bildet sich ebenfalls ab in einem beträchtlichen Anteil von Orphan-Verfahren, die im Rahmen der Frühen Nutzenbewertung durchgeführt werden mussten. Von 243 abgeschlossenen Nutzenbewertungen im G-BA waren 45

Orphans, was einem Anteil von etwa 19 % entspricht. Unter diesen waren 31, also 69 %, mit einer Bewertung nicht-quantifizierbar aus dem Verfahren gegangen, 2 mit beträchtlich und 13 (29 %) mit gering.

3 Exkurs Arzneimittelinformationssystem

Bei der Etablierung eines Arzneimittelinformationssystems steht man vor der Grundsatzentscheidung, ob dieses nur einen Hinweischarakter zur Unterstützung einer autonomen Arzneimitteltherapieentscheidung des Arztes besitzen soll, oder eine in der Regel bindende Vorgabe darstellt. Der Gesetzgeber hat mit dem HHVG die neuen Absätze 9 und 10 in den § 73 SGB V eingefügt. Der Absatz 9 regelt die Voraussetzungen für die Verwendung von elektronischen Programmen zur Verordnung von Arzneimitteln in der vertragsärztlichen Versorgung und Vorgaben, dass die Beschlüsse des G-BA zur Nutzenbewertung abgebildet werden müssen.

Des Weiteren findet sich eine Verordnungsermächtigung für das BMG in diesen Regelungen, die ihm die Möglichkeit gibt, Details zu den Abbildungen der Nutzenbewertungen zu regeln und bei Bedarf weiter zu entwickeln sowie zu definieren, in welcher Form Vorgaben zu Hinweisen zur Wirtschaftlichkeit der Verordnung von Arzneimitteln im Vergleich zu anderen Therapiemöglichkeiten zu machen sind. Das Ziel der Arzneimittelinformationssysteme ist die Gewährleistung, dass Nutzenbewertungsbeschlüsse des G-BA auf Basis des § 35a SGB V sehr schnell auch in der vertragsärztlichen Versorgung bekannt gemacht werden und ihre Wirkungen im Verordnungsgeschehen entfalten. Denn hier ist festzustellen, dass es auch mehrere Jahre nach Inkrafttreten des AMNOG noch erhebliche Informationsdefizite gibt, vor allem in Bereichen in denen keine hoch spezialisierte Versorgung betrieben wird, und demzufolge selbstverständlich nicht zu intensiv die wissenschaftliche Diskussion um die neuen Wirkstoffe verfolgt werden kann.

Bei der Etablierung eines Arzneimittelinformationssystems stellt sich die Frage, welche Informationen aus einem Beschluss zur frühen Nutzenbewertung bereitgestellt werden können. Es bieten sich hier an:

1. Indikation, zugelassene Anwendungsgebiete
2. Betrachtete Patientengruppen,
   - Kriterien zur Abgrenzung
   - zweckmäßige Vergleichstherapie(n)
   - Ausmaß und Wahrscheinlichkeit des Zusatznutzens im Vergleich zur Vergleichstherapie

3. Ergebnisse der Studienbewertung – differenziert nach Mortalität, Symptomatik, Nebenwirkungen, Lebensqualität
4. Anforderungen zur qualitätsgesicherten Anwendung
5. Kosten der Arzneimittel und zusätzliche GKV-Leistungen (z. B. diagnostische Tests)
6. Neu: Hinweise zur Zweckmäßigkeit und Wirtschaftlichkeit im Vergleich mit weiteren Therapieoptionen

Gerade in diesem Kontext stellen sich mehrere zentrale Fragen:

• Welchen Charakter haben die Wirtschaftlichkeitshinweise?
• Wie gestalten sich die Informationen zur Indikation?
• Wie gestalten sich die Informationen zu den Patientengruppen?
• Wie sollen Informationen zu Ausmaß und Wahrscheinlichkeit des Zusatznutzens bereitgestellt werden?
• Wie werden Informationen zur qualitätsgesicherten Anwendung etabliert?

Trotz all dieser operativen Fragestellungen ist festzuhalten, dass nach mehreren Jahren AMNOG weitere Anstrengungen zur Nutzung der umfangreichen Informationen aus dem Bewertungsverfahren erforderlich sind. Hier ist die größte Herausforderung, Informationen für Patienten, Ärzte und Apotheker aus den Beschlüssen des G-BA schnell verständlich und allgemein nutzbar zu etablieren. Des Weiteren ist eine Implementierung der Beschlüsse in Arzt- und Krankenhausinformationssysteme notwendig. Maxime allen Handelns muss hierbei sein, gezielte Informationen versus einer überbordenden Informationsflut gegeneinander abzuwägen. Die vom Gesetzgeber vorgesehenen Hinweise zur Wirtschaftlichkeit erfordern in diesem Kontext eine differenzierte Betrachtung des Stellenwerts der Vergleichstherapien sowie weitere Therapieoptionen und eine adäquate Einsortierung des neuen Arzneimittels. Hierbei ist es unerlässlich, dass eine Bestimmung von zweckmäßigen Therapieoptionen bei definierten Patientengruppen erfolgt, und die hierfür notwendigen Voraussetzungen klar festgelegt werden.

Trotz aller bereits jetzt in Diskussionsrunden vielfältig gemachten Überlegungen und Hinweise ist eines festzustellen: Es bleibt abzuwarten, wie die Rechtsverordnung des BMG ausgestaltet wird und welche Festlegungen zu den Wirtschaftlichkeitshinweisen getroffen werden. Wenn diese Hinweise eine strikte Bindungswirkung entfalten, so bedarf es auch einer Regelung hinsichtlich des Verhältnisses dieser Vorgaben zu regionalen Wirkstoffvereinbarungen zwischen Kassen und Kassenärztlichen Vereinigungen, um die neue Zurverfügungstellung der Informationen aus dem Arztinformationssystem hier auch komplementär und für alle nutzbar zu gestalten.

Wolfang Greiner und Julian Witte

Der zukünftige Reformbedarf im Rahmen des AMNOG

1 Status quo der frühen Nutzenbewertung

Vor sechs Jahren trat das Arzneimittelmarkt-Neuordnungsgesetz (AMNOG) in Kraft. Die Grundlagen des AMNOG haben sich seitdem als tragfähig erwiesen. Dazu gehört beispielsweise, dass der Gesetzgeber auf eine sogenannte vierte Hürde verzichtet hat, neue Arzneimittel also auch weiterhin direkt nach Zulassung auf dem deutschen Markt erhältlich sind. Das entspricht den Erwartungen der GKV-Versicherten an ein leistungsfähiges Gesundheitswesen. Mit dem im Jahr 2017 verabschiedeten Arzneimittelversorgungsstärkungsgesetz (AM-VSG) wurde das AMNOG zuletzt zum wiederholten Male in Detailfragen weiterentwickelt. Eine wesentliche Änderung der frühen Nutzenbewertung erfolgte im April 2014 mit der Aufhebung der Bestandsmarktbewertung im Zuge des 14. SGB V-Änderungsgesetztes. Diese wurde mit dem AM-VSG zumindest wieder für die Konstellation eingeführt, in der für ein Bestandsmarktpräparat eine neue Indikation zugelassen wurde. Richtungsweisend für die Zukunft der frühen Nutzenbewertung in Deutschland ist jedoch der nun vorgesehene Transfer der umfangreichen Nutzenbewertungsergebnisse in die Informationssysteme der verordnenden Ärzte.

Bis Ende 2017 haben 186 Wirkstoffe bzw. Wirkstoffkombinationen in 277 Verfahren den AMNOG-Prozess durchlaufen. Für 56 Wirkstoffe wurde darüber hinaus in insgesamt 89 Verfahren eine erneute Bewertung durchgeführt. Grund dafür waren überwiegend Zulassungen neuer Anwendungsgebiete (vgl. Tab. 1). Die inzwischen vermehrt auslaufenden befristeten Nutzenbewertungsbeschlüsse des G-BA führen darüber hinaus zu einer steigenden Anzahl von Nutzenbewertungsverfahren.

Die zunehmende Anzahl abgeschlossener Verfahren ermöglicht die Abbildung von Verfahrensbesonderheiten und -problemlagen sowie immer robustere Darstellungen der Zusammenhänge von Nutzenbewertungsergebnis und zugrundliegenden Kontextfaktoren. So zeigt sich zum Beispiel je nach Bewertungsperspektive eine abnehmende Zusatznutzenquote. Während bislang 59 % (n = 109/186) der seit 2011 neu zugelassenen Wirkstoffe ein

Tab. 1: Anzahl vom G-BA abgeschlossener Nutzenbewertungsverfahren
(Stand: 31.12.2017)

Nutzenbewertung	2011	2012	2013	2014	2015	2016	2017
Erstbewertung	2	27	29	30	41	36	23
Neues Anwendungsgebiet	–	–	4	5	10	19	19
Auf Antrag des G-BAs	–	–	–	1	–	–	–
Auf Antrag des Herstellers	–	–	2	1	1	2	1
Fristablauf	–	–	–	1	4	10	5
Umsatzschwelle Orphan Drugs	–	–	–	1	–	3	1

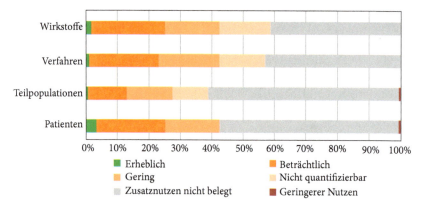

Abb. 1: Zusatznutzen nach Bewertungsperspektive (Stand: 31.12.2017).
Quelle: eigene Darstellung basierend auf Daten des G-BA

Zusatznutzennachweis in wenigstens einem bewerteten Anwendungsgebiet
gelingt, wurde nur in 57 % (n = 158/277) der dahinter liegenden Nutzenbewertungsverfahren ein Zusatznutzen zugesprochen. Zudem sind nur 39 %
(n = 224/580) der bewerteten Patientengruppen zusatznutzentragend, ein
Zusammenhang, welcher seit einigen Jahren recht stabil ist. Erkennbar ist auch,
dass im Vergleich zu den bislang bewertenden Wirkstoffen oder Patientengruppen ein deutlich geringerer Anteil der zur Behandlung infrage kommenden
Patienten in den jeweiligen Teilanwendungsgebieten von einem potentiellen
Zusatznutzen profitieren (siehe Abb. 1).

In der Bewertung der Bewertungsergebnisse anhand der Anzahl theoretisch möglicher Patienten sind allerdings mehrere Aspekte einschränkend zu

berücksichtigen. Zum einen sind die betrachtenden Patientenzahlen je Verfahren nicht überschneidungsfrei. So gehen beispielsweise die je Verfahren geschätzten Patientenzahlen zur Behandlung eines Diabetes Mellitus Typ 2 verschiedene Wirkstoffe sowohl mit als auch ohne belegten Zusatznutzen kumuliert in die Berechnungen ein. Der therapeutische Wettbewerb im Anwendungsgebiet wird also nicht berücksichtigt. Insofern handelt es sich bei der im G-BA-Beschluss dargestellten Größe der Zielpopulation um den theoretischen Zielmarkt des jeweiligen Wirkstoffes. Eine zeitnahe und annähernd vollständige Marktdurchdringung neuer Wirkstoffe innerhalb eines Anwendungsgebietes ist nur in sehr seltenen Fällen zu beobachten. Bei Patienten mit chronischen Erkrankungen sprechen wiederum häufig medizinische Aspekte gegen eine sofortige Umstellung bislang gut therapierbarer Patienten, weshalb in der Vergangenheit nur langsame Substitutionsprozesse älterer Therapieoptionen durch neue Präparate beobachtet wurden. Darüber hinaus besteht regelhaft Unsicherheit über die tatsächliche Größe und Verteilung der Patientenpopulationen auf die einzelnen Subgruppen und Anwendungsgebiete, sodass die geschätzte Größe der Prävalenz ebenfalls stets mit Unsicherheit verbunden ist.

Unabhängig davon deuten die bisherigen Verfahrensergebnisse darauf hin, dass Wirkstoffe mit kleiner Zielindikation leichter einen Zusatznutzen belegten können. So konnte bislang in zwei Drittel aller Verfahren mit einer Zielpopulation von weniger als 250.000 Personen ein Zusatznutzen belegt werden. Dem gegenüber stehen lediglich ein Drittel zusatznutzentragende Verfahren in Indikationen mit mehr als 250.000 Personen. Die Ergebnisse der Nutzenbewertungen zeigen zudem deutliche indikationsspezifische Zusammenhänge. In bislang sechs Therapiegebieten (Onkologie, Herz-Kreislauf-Erkrankungen, Infektiologie, Atemwegserkrankungen, Verdauungsstörungen, Hauterkrankungen) gelang auf Verfahrensebene eine Zusatznutzenquote von über 50 %. Neue Medikamente aus den Bereichen Diabetologie und Neurologie, auf welche ein Drittel aller vom G-BA durchgeführten Nutzenbewertungsverfahren, jedoch weniger als ein Viertel der vergebenen Zusatznutzen entfallen, erreichen deutlich seltener ein positives Bewertungsergebnis.

Für einen nicht belegten Zusatznutzen gibt es indes vier mögliche Gründe: (1) Es ist keine Studie zum Nachweis eines Zusatznutzens verfügbar oder die jeweilige Fragestellung (Zusatznutzen im gesamten oder in einem Teilanwendungsgebiet) wurde durch den pharmazeutischen Unternehmer nicht bearbeitet. (2) Eine Studie ist verfügbar aber zur Beantwortung der Fragestellung zum Nachweis eines Zusatznutzens nicht geeignet. (3) Eine Studie ist verfügbar und geeignet, aber die Auswertung der Daten erfolgte nicht sachgerecht oder ist unvollständig. (4) Eine Studie ist verfügbar und geeignet, aber in der Gesamtschau der Daten zeigte sich kein Vorteil gegenüber der definierten Vergleichstherapie. Für Diskussionen sorgen dabei regelhaft die Konstellationen zwei und drei, also jene, in denen Studiendaten verfügbar sind, jedoch aus unterschiedlichen Gründen durch den G-BA nicht zur Nutzenbewertung herangezogen werden. Denn gemäß § 5 Abs. 3 der AM-NutzenV „[…] sind Nachweise der best verfügbaren Evidenzstufe einzureichen", wenn die Durchführung von Studien höchster Evidenzstufe unmöglich oder unangemessen ist. Aus wissenschaftlicher Sicht wäre wünschenswert, wenn es zukünftig gelänge, den Anteil der Verfahren mit nicht belegtem Zusatznutzen aufgrund nicht geeigneter Evidenz weiter zu reduzieren. Eine engere Kooperation des G-BA mit den relevanten Zulassungsbehörden ist hierzu ein erster Schritt. Die zuletzt erneut diskutierte europäische Harmonisierung der formalen Nutzenbewertung böte weiteres Potential, Inkongruenzen im Prozess der Evidenzgenerierung durch den pharmazeutischen Unternehmer weiter abzubauen.

2 Entwicklungsperspektiven der frühen Nutzenbewertung

Die frühe Nutzenbewertung ist seit Einführung des AMNOG mittlerweile durch eine Vielzahl von rechtlichen Änderungen auf gesetzlicher und untergesetzlicher Ebene überarbeitet und basierend auf den Verfahrenserfahrungen angepasst worden. Die wissenschaftliche und fachliche Begleitung der am Verfahren beteiligten Parteien zeigt dabei fortlaufend Verbesserungspotential sowohl am Verfahren der Nutzenbewertung selbst als auch der sich anschließenden Preisbildung auf. Für das Verfahren relevant und vergleichsweise leicht umsetzbar erscheinen in diesem Zusammenhang die nachfolgend diskutierten regulatorischen Anregungen zur:

- Überarbeitung der Nutzenbewertung von Orphan Drugs
- Berücksichtigung von „Real-World-Evidenz"
- Klarstellung der Mischpreisbildung
- Einbindung von Kosten-Nutzen-Analysen
- Erprobung und Evaluation des geplanten Arztinformationssystems (AIS)

2.1 Weiterentwicklung des Bewertungsverfahrens

In der frühen Nutzenbewertung von Arzneimitteln mit neuen Wirkstoffen gelten für Orphan Drugs folgende Regelungen: Gemäß der gesetzlichen Vorgaben (§ 35a Absatz 1 Satz 10 SGB V) gilt für diese Medikamente der medizinische Zusatznutzen bereits durch die Zulassung als belegt; Nachweise zum medizinischen Nutzen und zum medizinischen Zusatznutzen im Verhältnis zur zweckmäßigen Vergleichstherapie müssen nicht vorgelegt werden. Lediglich das Ausmaß des Zusatznutzens ist für die Anzahl der Patienten und Patientengruppen, für die ein therapeutisch bedeutsamer Zusatznutzen besteht, nachzuweisen. Solange für das Arzneimittel rechtswirksam eine Zulassung vorliegt, ist demnach – unabhängig von der dem G-BA vorliegenden Daten- und Erkenntnislage – ein Zusatznutzen zu unterstellen. Im Ergebnis seiner Nutzenbewertung kann der G-BA lediglich über das Ausmaß des Zusatznutzens entscheiden. Erst wenn der Umsatz des Arzneimittels mit der gesetzlichen Krankenversicherung einen Umsatz von 50 Millionen Euro übersteigen würde, könnte überprüft werden, ob der rechtlich zu unterstellende Zusatznutzen tatsächlich besteht. Diese Umsatzschwelle ist in Ihrer Höhe arbiträr und wurde bis Ende 2017 von fünf Orphan Drugs überschritten (Ibrutinib, Macitentan, Pomalidomid, Ramucirumab, Ruxolitinib).

Im Rahmen dieser erneuten Bewertungsverfahren wurden für diese fünf Wirkstoffe in 17 Teilpopulationen bewertet. Das Ergebnis: In 10/17 Teilpopulationen (60 %) konnte ein Zusatznutzen nicht belegt werden. Auffälligerweise, wenn auch ohne inhaltlichen Zusammenhang, entspricht dies ca. dem Anteil der Teilpopulationen, für die im Rahmen der Erstbewertung aller Orphan Drugs lediglich ein im Ausmaß nicht quantifizierbarer Zusatznutzen festgestellt werden konnte. Während für ein entsprechendes unsicheres Ergebnis in vielen Orphan-Verfahren Schwächen im verfügbaren Evidenzmaterial ausschlaggebend waren, lag z. B. zur Bewertung der Wirkstoffe Migalastat (Galafold®) oder Cerliponase alfa (Brineura®) gar keine verwertbare Evidenz vor, weshalb der G-BA im Rahmen der Beschlussfassung explizit auf die entsprechende gesetzliche Fiktion eines in diesen Fällen im Ausmaß nicht quantifizierbaren Zusatznutzens verwies.

Der GKV-SV schlug in diesem Kontext bereits 2016 vor, dass der G-BA in „begründeten Einzelfällen" eine vollständige Bewertung durchführen können sollte.[1] Das IQWiG plädierte vor dem Hintergrund neuer alternativer Zulassungsverfahren der EMA („adaptive pathways") grundsätzlich für hohe Standards in der Nutzenbewertung und damit auch für eine obligatorische formal vollständige „Zusatz"-Nutzenbewertung von Orphan Drugs.[2] Dies würde jedoch dem vom Gesetzgeber intendierten regulatorischen Innovationsanreiz für Orphan Drugs widersprechen. Sinnvoll und zeitnah umsetzbar erscheint es jedoch, die Durchführung einer formal vollständigen Zusatznutzenbewertung

---

1   Haas, Tebinka-Olbrich (2016).
2   Ärzteblatt (2016).

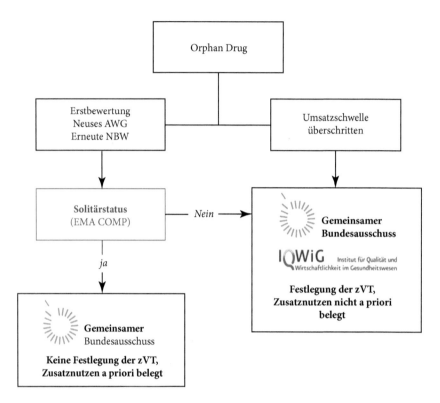

Abb. 2: Verfahrensvorschlag zur Nutzenbewertung von Orphan Drugs.
Quelle: eigene Darstellung

an das therapeutische Umfeld des zu bewertenden Wirkstoffes in Form des Soli-tärstatus zu knüpfen. Liegen keine relevanten Vergleichstherapien im Markt vor (positiver Solitärstatus), so erscheint weder die Festlegung einer zweckmäßigen Vergleichstherapie durch den G-BA noch das mit einem nicht belegten Zusatz-nutzen potentiell verbundene Marktaustrittsrisiko vor dem Hintergrund einer bestmöglichen Patientenversorgung zielführend. In diesem Fall sollte als o der G-BA wie bislang auch der gesetzlichen Fiktion eines belegten Zusatznutzens folgen und lediglich das Ausmaß auf Basis der verfügbaren Evidenz quantifizie-ren (vgl. Abb. 2).

Liegt kein Solitärstatus vor, sollte wiederum zukünftig erwogen werden, ein reguläres Nutzenbewertungsverfahren zu initiieren. Für 25 der bislang 45 bewer-teten Orphan Drugs lag nach Angaben der EMA wenigstens eine therapeutische

Alternative vor (entspricht 47 der 82 bewerteten Patientengruppen von Orphan Drugs). Für zwei Drittel der dabei bewerteten Patientengruppen war zudem Evidenz aus einer RCT verfügbar, weshalb zumindest formal verwertbare Evidenz vorgelegen hätte.

Zum Umgang mit fehlender Evidenz von Orphan Drugs schlug Prof. Hecken, Vorsitzender des G-BA, wiederum kürzlich vor, die Generierung nachgelagerter Evidenz zu strukturieren und gesetzlich zu verankern, indem es eine Pflicht zum Einschluss von Patienten unter Orphan Drug-Therapie in Register gibt. Entsprechende Auflagen zur Generierung weiterer Evidenz des G-BA seien in der Vergangenheit oft nicht erfüllt worden.[3] Gleichwohl gibt es auch für die Heranziehung von Registerdaten zur Beantwortung von Nutzenfragen kritische Gegenstimmen.[4] Es ist unbestritten, dass randomisierte, kontrollierte Studien (RCT) das fehlerärmste Studiendesign darstellen, um eine Nutzenbewertung durchzuführen. Eine Aufweichung der Nutzenbewertung dahin gehend, dass das zu Recht hohe Evidenzniveau, welches zum Nachweis eines Zusatznutzen erforderlich ist, regelhaft abgewertet wird, ist nicht wünschenswert. Allerdings sehen z. B. die Auflagen des G-BA in Verfahren mit geringer Aussagesicherheit häufig vor, weitere Evidenz mit dem Ziel zu generieren, die bislang vorliegenden Hinweise auf positive Effekte zu bestätigen. Auch zukünftig werden RCTs in weiteren Bewertungsverfahren den Goldstandard darstellen – festgehalten u. a. im Methodenpapier des IQWiGs. Dies spricht allerdings nicht gegen eine Ergänzung um andere Datenquellen, die näher am Versorgungsalltag sind wie z. B. GKV-Abrechnungs- oder Registerdaten. Diese sollten klinische Evidenz nicht ersetzen, aber insbesondere in Situationen ohne wirklich belastbare Datenbasis aus RCTs, in denen wie häufig bei Orphan Drugs trotzdem eine Verfügbarkeit in der Versorgung ermöglicht werden soll, Anhaltspunkte zur Wirksamkeit im Alltag liefern. Ein vollständiger Verzicht auf diese Informationen erscheint genauso falsch wie andererseits der vollständige Verzicht auf eine potentiell hilfreiche Therapieoption im Versorgungsalltag.

2.2 Weiterentwicklung der Preisbildung

2.2.1 Mischpreise

Die Erstattungsbeträge für neue Medikamente werden zwischen dem GKV-Spitzenverband und dem Hersteller ausgehandelt. Sie orientieren sich am

---

3   Ärzte Zeitung (2017a).
4   Windeler (2018).

Zusatznutzen für alle Patienten im zugelassenen Anwendungsgebiet. Dabei wird ein einheitlicher Erstattungsbetrag für ein Arzneimittel für das gesamte Anwendungsgebiet und damit auch über alle ggf. definierten Teilpopulationen oder Anwendungsgebietserweiterungen hinweg vereinbart. Der Zusatznutzen für verschiedene Patientengruppen kann aber unterschiedlich sein. In diesem Fall wird zwischen den Vertragsparteien ein Mischpreis vereinbart, welcher in der Regel die vom G-BA geschätzten Prävalenzanteilen in den Teilpopulationen reflektiert. Jedoch sind auch davon abweichende Vereinbarungen (z. B. auf Basis angenommener Marktanteile) möglich.

Gerade wenn der Arzt ein Medikament in einer Teilpopulation verordnet, für die kein Zusatznutzen festgestellt wurde, ist die Wirtschaftlichkeit der Verordnung umstritten, sofern der Preis die Kosten der zweckmäßigen Vergleichstherapie übersteigt. Das Landessozialgericht (LSG) Berlin-Brandenburg hat in einem viel beachteten Urteil die Mischpreisbildung durch die Schiedsstelle im Fall des GLP-1-Analogon Albiglutid (Eperzan) für rechtswidrig erklärt.[5] Für dieses hatte der G-BA fünf Patientenpopulationen differenziert, aber nur für eine von ihnen einen „Hinweis auf einen geringen Zusatznutzen" festgestellt. Für alle anderen sah der G-BA keinen Vorteil gegenüber vorhandenen Therapieoptionen. Nach Auffassung des LSG ist der Schiedsspruch zum Mischpreis rechtswidrig, weil er an einem Begründungsmangel leide. Danach bestünden erhebliche Zweifel an der Rechtmäßigkeit der praktizierten Mischpreisbildung, weil der Mischpreis keine nutzenadäquate Vergütung darstelle und er keine Grundlage im Gesetz finde. Dringend notwendig sei daher eine gesetzliche Regelung, die die Mischpreisbildung in einem Fall wie dem vorliegenden zulasse. Diese steht bislang aus. Die Schiedsstelle hat gegen das Urteil vom LSG nun Revision beim Bundessozialgericht (BSG) eingelegt. Wenn auch nicht mit abschließender Gewissheit so ist doch davon auszugehen, dass ein konkretisierender Beschluss des BSG im Laufe des Jahres 2018 folgen wird. Unabhängig vom Ausgang der Verfahren wird dann der Gesetzgeber gefordert sein, die Rahmenbedingungen für eine Lösung der Mischpreisproblematik zu finden. Dass dies auf Vereinbarungsebene der Vertragspartner z. B. innerhalb der Rahmenvereinbarung nach § 130b Abs. 8 rechtssicher erfolgt, wie vom LSG vorgeschlagen[6], ist aus rechtlicher wie verfahrenspraktischer Sicht eher unwahrscheinlich.

Bis dahin kann die bestehende Rechtsunsicherheit zu unterschiedlichen Steuerungsvorgaben hinsichtlich des Einsatzes von Arzneimitteln mit Mischpreis auf

---

5   LSG Berlin-Brandenburg, AZ L 9 KR 213/16.
6   LSG Berlin-Brandenburg, AZ L 9 KR 213/16.

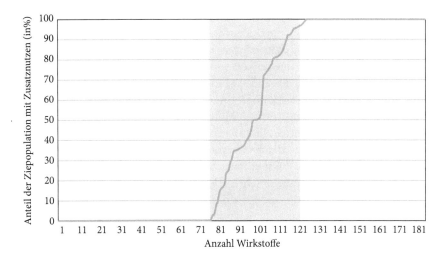

Abb. 3: Wirkstoffe mit Mischpreis (Stand: 31.12.2017).
Quelle: eigene Darstellung basierend auf Daten des G-BA

regionaler Ebene und damit auch zu potentieller Verordnungsunsicherheit und Regressgefahr führen.[7] Die Vertragsparteien selbst vereinbaren – auch mangels praktikabler Alternativen – weiterhin Mischpreise. So wurde bis Ende 2017 für jeden 4. Wirkstoff (49/186) ein Mischpreis gebildet (vgl. Abb. 3).

Sollte das BSG die fehlende Rechtmäßigkeit der Mischpreisbildung bestätigen, sind alternative Lösungsansätze zu diskutieren. Insgesamt drei Ansätze haben sich in der aktuellen Debatte herauskristallisiert:

1. Teilverordnungsausschlüsse[8]
2. Indikationsspezifische Preise/nutzenorientierte Erstattung[9]
3. Modifikationen des „klassischen Mischpreises"[10]

Alle Lösungsoptionen gehen dabei mit Vor- und Nachteilen einher, welche abzuwägen sind. So ist z. B. im vom GKV-Spitzenverband vorgeschlagenen Modell der nutzenorientierten Erstattung (NOE) die Einführung einer flächendecken Kodierung der Verordnungen entlang der im G-BA-Beschluss enthaltenen

---

7   Ärzte Zeitung (2017b).
8   LSG Berlin-Brandenburg AZ L 9 KR 213/16, AZ L 9 KR 72/16 KL.
9   Haas et al. 2016.
10 Greiner, Witte (2017).

Teilpopulationen erforderlich. Dies wäre nicht nur mit erheblichem Mehraufwand für die Vertragsärzte verbunden, sondern ist potentiell auch fehler- und strategieanfällig („up- und right-coding"). Derweil böte eine Konkretisierung der derzeitigen Mischpreissystematik die Möglichkeit eines vergleichsweise leicht herzustellenden Interessensausgleiches. So stellen beispielsweise Preis-Volumen-Verträge eine transaktionskostenarme und schnell umsetzbare Möglichkeit dar, die Mengenunsicherheit hinter einem Mischpreis im Rahmen der Preisvereinbarungen ex ante zu lösen.

Die Option eines obligatorischen Verordnungsausschlusses von Teilpopulationen mit nicht belegtem Zusatznutzen, welcher bereits heute über § 92 Abs. 1 AGBV möglich ist und schon im Jahr 2016 für zwei nutzenbewertete Wirkstoffe praktiziert wurde, erscheint indes nicht sinnvoll umsetzbar. Sowohl die zum Zeitpunkt der Nutzenbewertung noch unsichere Evidenzlage, als auch die mit einem Verordnungsausschluss verbundene Einengung der Therapiefreiheit, sowie ggf. erforderliche therapeutische Umstellungen sprechen gegen diesen Lösungsansatz. Die Relevanz eines obligatorischen Verordnungsausschlusses lässt sich exemplarisch am Beispiel neuer Onkologia veranschaulichen: Für 22 der 54 bis Ende 2017 nutzenbewerteten Onkologika wurde aufgrund eines nur zum Teil belegten Zusatznutzen ein Mischpreis vereinbart. Schließt man nun die Teilanwendungsgebiete ohne belegten Zusatznutzen aus der Verordnungsfähigkeit aus, stünden diese 22 Produkte für 49 % der potentiell infrage kommenden Patienten in den jeweiligen Anwendungsgebieten nicht mehr zur Verfügung.

2.2.2 Kosten-Nutzen-Analysen

Als Geburtsfehler der frühen Nutzenbewertung ist indes zu werten, dass Daten aus Kosten-Nutzen-Analysen, u. a. in Form von cost-offsets, also Einsparungen in anderen Leistungsbereichen, z. B. vermiedenen Krankenhausaufenthalten, faktisch keine Berücksichtigung im Verfahren finden. Dabei hätten Daten aus entsprechenden Analysen insbesondere in Debatten um hohe Markteinführungspreise eine sinnvolle weitere Informationsgrundlage darstellen können. Es wäre insofern wünschenswert, wenn der Gesetzgeber das Verfahren für diese zusätzlichen Informationen öffnen würde. Dabei ist klarzustellen, dass eine fakultative Kosten-Nutzen-Bewertung keinen automatischen Einstieg in die Rationierung bedeuten würde. Ein solches Instrument gibt es weltweit nicht, auch nicht im auf QALYs basierenden Bewertungssystem in England.

2.3 Transfer der Bewertungsergebnisse in die Versorgungspraxis

Die Feststellung über das Ausmaß des Zusatznutzens eines Arzneimittels mit neuem Wirkstoff dient dem Zweck der Vereinbarung eines Erstattungsbetrags nach § 130b SGB V. Neben einer nutzenbasierten Preisbildung war mit Einführung des AMNOG auch eine Verbesserung der Qualität der Arzneimittelversorgung durch mehr Transparenz über den Zusatznutzen beabsichtigt. Sowohl vonseiten der Industrie („AMNOG-gerechte Versorgungsquote"[11]) als auch der Kostenträger („nutzenorientierte Erstattung"[12]) wurden jedoch zuletzt Konsequenzen aus der fehlenden Kongruenz von Nutzenbewertung und Verordnungsentwicklung neuer Arzneimittel diskutiert. Ursächlich dafür können verschiedene Faktoren sein. Erste explorative Untersuchungen deuten jedoch u. a. auf eine fehlende Praxisreichweite der G-BA-Beschlussinformationen hin.[13] Die Ergebnisse der Nutzenbewertung sollen deshalb zukünftig so aufbereitet und über ein Arztinformationssystem (AIS) innerhalb der Praxis-IT-Systeme zur Verfügung gestellt werden, dass die im Rahmen der Nutzenbewertung gewonnen Informationen im Praxisalltag einfacher und schneller zugänglich sind und bei der Therapieentscheidung unterstützen können.

Der geplante Transfer der Nutzenbewertungsergebnisse in die Versorgungspraxis kann potentiell die Markttransparenz erhöhen. Im Hinblick auf den Umfang und die Detailtiefe der Nutzenbewertungsbeschlüsse sind die verordnenden Ärzte ohne eine praxisgerechte Aufbereitung dieser Ergebnisse derzeit nur begrenzt zur Umsetzung des Wirtschaftlichkeitsgebotes in der Lage. Der Wunsch nach einer Integration der Nutzenbewertungsergebnisse in die Praxisinformationssysteme als nächste Ausbaustufe des AMNOGs ist insofern bei allen Systembeteiligten gleichermaßen vorhanden. Gleichwohl sind Zweckrichtung und praktische Ausgestaltung der Informationen umstritten, auch wenn zuletzt deutlich wurde, dass ein entsprechendes AIS eher als Informations- denn als Steuerungssystem konzipiert werden wird.[14] Grundlegende Entscheidung bei der Einführung eines AIS ist, ob die Informationen aus der Beschlussfassung des G-BA zukünftig in inhaltlich aufbereiteter oder in ursprünglicher Form den Ärzten zur Verfügung gestellt werden soll (vgl. Abb. 4). Letzteres Modell wurde wiederholt von Vertretern der pharmazeutischen Industrie vorgeschlagen.[15]

---

11   Vfa (2015).
12   Haas et al. (2016).
13   Glaeske et al. (2015), S. 155; Greiner, Witte (2016), S. 141 f.
14   Ärzteblatt (2018a).
15   Schütze (2017).

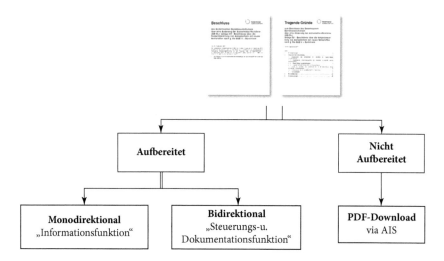

Abb. 4: Konzeptionsmöglichkeiten eines AMNOG-Arztinformationssystems.
Quelle: eigene Darstellung

Es ist jedoch fraglich, ob z. B. ein verfügbarer Download der Beschlussfassung des G-BA auch im Hinblick auf die kurzen Kontaktzeiten je Patient[16] zu breiter Akzeptanz und Nutzung in der Ärzteschaft führen würde. Die strukturierte Aufbereitung der Nutzenbewertungsinformationen erscheint insofern die effektivere Variante, um nachhaltige Effekte in der Versorgung zu ermöglichen. Gleichwohl ist dabei zu diskutieren, wie ein entsprechender Informationskanal gestaltet werden soll. Grundsätzlich möglich ist eine monodirektionale Informationsvermittlung oder eine bidirektionale Informations- und Dokumentationsfunktion. Letzteres böte einen einfachen Einstieg in die vom GKV-Spitzenverband zur Lösung der derzeitigen Mischpreisproblematik vorgeschlagene nutzenorientierte Erstattung – mit den bereits zuvor diskutierten Nachteilen.

Darüber hinaus stellen sich Fragen zum Detailumfang der aufbereiteten Informationen. Sinnvoll erscheint deshalb die Einbeziehung von Kommunikationsexperten zur Aggregierung der abzubildenden Informationsmengen. Eine erforderliche fortlaufende Prüfung auf Aktualität unabhängig der im Verfahren obligatorischen Re-Evaluationskonstellationen ist in der Umsetzungsplanung als wesentlicher Komplexitätstreiber zu berücksichtigen. Letztlich erscheint

---

16　PZ-online (2010); Ärzteblatt (2018b).

aufgrund der rechtsverbindlichen Wirkung des Informationssystems auch die Pilotierung und Evaluierung in einem Modellprojekt geboten (was im Gesetz derzeit nicht vorgesehen ist). So ließen sich Anwendungsdefizite, welche in einer frühen Phase einer Technik- oder Softwareimplementierung regelhaft vorkommen, monitorieren und Anpassungen vor einem flächendeckenden Roll-out vornehmen. Dabei ließe sich auch eruieren, ob das Informationssystem mittelfristig als Instrument zur Evidenzgenerierung aus dem Versorgungsalltag genutzt werden kann.

3 Fazit und Ausblick

Die Einführung der frühen Nutzenbewertung und das damit verbundene Ende des unregulierten Zugangs neuer Arzneimittel in die Erstattungssystematik der GKV stellen den wohl weitreichendsten regulatorischen Eingriff in den Arzneimittelmarkt seit Einführung der Festbeträge dar. Das Verfahren ist inzwischen weitestgehend eingespielt und trägt wesentlich zu einer auch zukünftig leistungsfähigen GKV-Versorgung bei. Doch es gibt weiterhin Entwicklungspotential:

- Vollständige Bewertung des Zusatznutzens von Orphan Drugs in Fällen, in denen eine Vergleichstherapie verfügbar ist,
- Berücksichtigung von Evidenz aus dem Versorgungsalltag („Real-World-Evidence"),
- fakultative Einbindung von Informationen aus Kosten-Nutzen-Analysen in die § 130b-Preisbildung,
- rechtssichere Klarstellung der Mischpreisbildung bei gleichzeitiger Weiterentwicklung der zugrunde liegenden Preisbildungssystematik (z. B. durch Preis-Volumen-Verträge oder eine post hoc-Abwicklung).

Eigentlich als Instrument zur Preisbildung konzipiert hat sich die frühe Nutzenbewertung durch den Aufbau umfassender Daten und Informationen auch als wichtige Informationsquelle über den Nutzen neuer Arzneimittel entwickelt. Diese Informationsquelle soll zukünftig den verordnenden Ärzten in Form eines technischen Informationssystems leichter zugänglich gemacht werden. Das Bundesgesundheitsministerium wird voraussichtlich im Juni eine Rechtsverordnung vorlegen, die das Nähere zur Ausgestaltung des AIS regelt. Unabhängig von der letztlichen inhaltlichen Konzeption des AIS ist aus wissenschaftlicher Sicht eine eindeutige Definition von Versorgungszielen (z. B. eine beschleunigte Marktdurchdringung von Arzneimitteln mit belegtem Zusatznutzen), welche mit Einführung des AIS verbunden sind, sowie eine daran anknüpfende Einführung des AIS in einer Modellregion bei begleitender Evaluation wünschenswert.

Eine begleitende Evaluation böte die Möglichkeit, neben unmittelbaren Effekten auf das Verordnungsverhalten der Ärzte auch die Akzeptanz der technischen Umsetzung bzw. deren Integration in den Praxisalltag zu überprüfen. Für den langfristigen Erfolg eines AIS stellt dies einen entscheidenden Faktor dar.

Literatur

Ärzteblatt (2016): IQWiG fordert Nutzenbewertung auch für Orphan Drugs. Ärzteblatt online, 01.09.2016.

Ärzteblatt (2018a): Rechtsverordnung zum Arztinformationssystem soll im Juni kommen. Ärzteblatt online, 20.03.2018.

Ärzteblatt (2018b): Pharmaindustrie sieht Arztinformationssystem als zentrale Weichenstellung. Ärzteblatt online, 14.03.2018.

Ärzte Zeitung (2017a): Orphan Drugs – GBA-Chef Hecken fordert Neuregelungen. Ärzte Zeitung online, 10.10.2017.

Ärzte Zeitung (2017b): Mischpreise. Nach Richterkritik sind Ärzte wieder allein zu Haus. Ärzte Zeitung online, 23.08.2017.

Glaeske G, Ludwig WD, Thürmann P (2015): Innovationsreport 2015. Wissenschaftliche Studie zur Versorgung mit innovativen Arzneimitteln – Eine Analyse von Evidenz und Effizienz. SOCIUM, Bremen.

Greiner W, Witte J (2016): AMNOG-Report 2016. Nutzenbewertung von Arzneimitteln in Deutschland. Beiträge zur Gesundheitsökonomie und Versorgungsforschung (Band 12). Medhochzwei Verlag, Heidelberg.

Greiner W, Witte J (2017): AMNOG-Report 2017. Medhochzwei-Verlag, Heidelberg.

Haas A, Tebinka-Olbrich (2016): Kommt die frühe Nutzenbewertung zu spät? G+S, 2/2016: 7–14.

Haas A, Tebinka-Olbrich A, Kleinert JM, Rózynska C (2016): Konzeptpapier: Nutzenorientierte Erstattung. Stand: 28.04.2016, GKV-Spitzenverband, Berlin.

PZ-online (2010): Barmer-GEK-Arztreport: Acht Minuten pro Patient. Ausgabe 04/2010.

Schütze S (2017): Arztinformationssysteme und das Ampelsystem aus Sicht der Industrie. Vortrag im Rahmen der User Group „Neue Wege in der Pharmaindustrie" am 26.09.2017, Leipzig.

Vfa – Verband Forschender Arzneimittelhersteller e.V. (2015): AMNOG-Praxis schafft Versorgungsdefizite! Pressemitteilung vom 23.09.2015.

Windeler J (2018): Register sind für Nutzenfragen nicht geeignet. Monitor Versorgungsforschung, 01/2018: 6–12.

Christian Stallberg

Rechtliche Herausforderungen der regionalen Arzneimittel-Verordnungssteuerung

1 Einleitung

Ich möchte mich in meinem Vortrag mit den gegenwärtigen rechtlichen Herausforderungen beschäftigen, vor denen die regionale Arzneimittel-Verordnungssteuerung steht. Hierzu möchte ich in einem ersten Schritt erläutern, worum es überhaupt bei dem Instrument der regionalen Verordnungssteuerung geht (dazu unten 2.). Was versteht man darunter? Hieran anschließend möchte ich skizzieren, welche Zielkonflikte und kollidierenden Rechte bei der Verordnungssteuerung im Mittelpunkt stehen (dazu unten 3.). Welche juristischen Spannungsfelder gibt es? Schließlich möchte ich anhand der in der Praxis sehr relevanten Verordnungsquoten und Umstellungsprämien exemplarisch zeigen, welche konkreten juristischen Probleme hieraus resultieren (dazu unten 4.), bevor ich ein Fazit ziehen und einen Ausblick auf die zukünftige Entwicklung werfen werde (dazu unten 5.).

2 Das Instrument der regionalen Verordnungssteuerung – worum geht es?

2.1 Begriff der Verordnungssteuerung

Im Begriff „Verordnungssteuerung" wird von den Akteuren im GKV-System nicht einheitlich verwendet. Wirft man exemplarisch einen Blick auf die Erläuterungen der Kassenärztlichen Bundesvereinigung auf ihrer Internetseite, so wird man mit einem sehr weiten Begriffsverständnis von „Verordnungssteuerung" konfrontiert. Als Maßnahmen zur Verordnungssteuerung werden hier u. a. auch die – an sich nur die Apotheker betreffende – „Aut idem"-Regelung oder auch die – allein die Erstattungspreise betreffenden – Festbeträge angesehen. Ein solches Verständnis geht freilich weit über das Thema hinaus, das hier Gegenstand meines Vortrags sein soll. Einerseits soll es nur um solche Maßnahmen gehen, die *unmittelbar das Verordnungsverhalten der Ärzte* steuern (und nicht andere Akteure betreffen), andererseits soll es nur um solche Maßnahmen gehen, die nicht bundesweit, sondern *regional unterschiedlich* gelten.

2.2 Welche allgemeinen „Regulierungshebel" kennt das SGB V?

Man kann sich dem Thema nähern, wenn man sich einmal vor Augen führt, welche „Regulierungshebel" das SGB V kennt, um den Versorgungsumfang der Versicherten zu steuern. Grundsätzlich gibt es *zwei rechtliche Regulierungsebenen*, nämlich einerseits das sog. Leistungsrecht, andererseits das sog. Leistungserbringungsrecht. Unter dem sog. Leistungsrecht versteht man die *Rechtsbeziehung der GKV-Versicherten gegenüber ihrer Krankenkasse*, nämlich ihren Rechtsanspruch auf Versorgung. Demgegenüber beschreibt das sog. Leistungserbringungsrecht die *Rechtsbeziehungen zwischen den Krankenkassen und Leistungserbringern*, wie zum Beispiel Vertragsärzten, Apotheken oder pharmazeutischen Unternehmern. Es geht also darum, auf welche Weise sich die Krankenkassen Dritter bedienen, um die bestehenden Leistungsansprüche ihrer Versicherten zu erfüllen. In beiden Rechtsbeziehungen gelten teils unterschiedliche gesetzliche, verfassungsrechtliche sowie nicht zuletzt politische Regulierungshürden. Denn in aller Regel fällt es den politischen Entscheidungsträgern schwer, den Versorgungsanspruch der Versicherten dem Grunde nach zu reduzieren. Vielfach wird daher eher versucht, durch Regelungen im Leistungserbringungsrecht die Versorgung zu steuern.

2.3 Was heißt dies für die Arzneimittelversorgung?

Bei der Arzneimittelversorgung spiegelt sich dies in vier verschiedenen Regulierungsbehörden wider. Grundlegend ist zunächst diejenige Ebene, die man als *„Leistungsebene"* bezeichnen könnte. Hierbei geht es um den Umfang der Arzneimittel, die grundsätzlich vom Leistungskatalog der gesetzlichen Krankenversicherung umfasst sind. Der Gesetzgeber kann hier durch entsprechende Systementscheidungen in weitreichender Weise darüber bestimmen, welche Präparat überhaupt verordnungsfähig sein können. Arzneimittel, die von vornherein nicht verordnungsfähig sind, können von den Versicherten nicht beansprucht werden und müssen von den gesetzlichen Krankenkassen auch nicht bezahlt werden.

Dabei bleibt der Gesetzgeber jedoch nicht stehen. Er versucht durch vielfältige Instrumente außerdem zu regulieren, bis zu welcher Höhe die gesetzlichen Krankenkassen die zum Leistungskatalog der GKV gehörenden Arzneimittel bezahlen müssen. Die Instrumente auf dieser *„Preisebene"* sind vielfältig. Dies geschieht etwa durch Festbeträge, Herstellerabschläge, Erstattungsbeträge oder Rabattverträge. Auch hier ist jedoch noch nicht das Ende der Regulierung erreicht. Vielmehr nutzt der Gesetzgeber verschiedene Instrumente – und das soll teilweise das Thema des heutigen Vortrags sein –, um bei der Auswahl der grundsätzlich verordnungsfähigen und preisregulierten Arzneimittel den Arzt in eine bestimmte Richtung zu lenken und zu steuern. Es geht hier um die „*Verordnungsebene*", nämlich um die Steuerung der Vertragsärzte. Dies geschieht auf Bundesebene etwa durch Therapiehinweise oder Nutzenbewertungsbeschlüsse des Gemeinsamen Bundesausschusses. Auch bei grundsätzlich verordnungsfähigen Arzneimitteln, die preisreguliert sind und bei denen der Arzt bei seiner Verordnung in eine bestimmte Richtung gelenkt wurde, kommen schließlich Regulierungsinstrumente auf der „*Abgabeebene*" bei den Apotheken ins Spiel. Charakteristisch hierfür ist vor allem die sog. Aut-idem Regelung des § 129 Abs. 1 SGB V, die einen Austausch wirkstoffgleicher Präparate unter bestimmten Bedingungen vorsieht.

2.4 Was ist das Ziel und System der regionalen Verordnungssteuerung?

Was ist nun das spezifische Ziel der regionalen Verordnungssteuerung? Wie fügt sich dieses in die skizzierten Regulierungsstrukturen ein? In dem bestehenden Regelungsdickicht ist nicht von vornherein klar, welcher Spielraum noch verbleibt, innerhalb dessen auf regionaler Ebene eine weitere Steuerungsebene eingezogen werden kann, ohne sich in Konflikt mit anderen Regulierungsinstrumenten zu setzen. Eine teilweise Antwort auf diese Frage gibt § 72 Abs. 2 SGB V. Dort ist festgelegt, dass die vertragsärztlichen Versorgung im Rahmen der gesetzlichen Vorschriften durch schriftliche Verträge der Kassenärztlichen Vereinigungen mit den Krankenkassen so zu regeln ist, dass eine ausreichende, zweckmäßige und wirtschaftliche Versorgung der Versicherten gewährleistet ist. Dies geschieht u. a. durch Abschluss einer jährlichen Arzneimittelvereinbarung gemäß § 84 Abs. 1 SGB V, die Versorgungs- und Wirtschaftlichkeitsziele der betreffenden Kassenärztlichen Vereinigungn beinhalten kann, wie zum Beispiel Verordnungsanteile für Wirkstoffe und Wirkstoffgruppen im jeweiligen Anwendungsgebiet. Diese kollektiven Ziele schlagen auf die einzelnen Vertragsärzte durch die Prüfvereinbarungen durch, die gemäß §§ 106 Abs. 1, § 106b Abs. 1 SGB V zu vereinbaren sind. Schließlich gibt es weitere selektivvertragliche Vereinbarungen, die eine regionale Verordnungssteuerung bezwecken. Diese sind in der Vergangenheit als sog. Strukturverträge bekannt geworden, sind jedoch mittlerweile auf Grundlage des § 140a SGB V zu schließen.

2.5 Versuch einer Definition

Vor diesem Hintergrund möchte ich an dieser Stelle den Versuch einer Definition unternehmen. Regionale Verordnungssteuerung umfasst nach meinem

Verständnis a) alle verbindlichen und nicht verbindlichen Maßnahmen der Kassenärztlichen Vereinigungen und Krankenkassen, b) die durch Informationen und/oder durch Vorgabe quantitativer oder qualitativer Verordnungsziele ggf. in Verbindung mit positiven/negativen finanziellen Anreizen (Prämien/Regress), c) den Vertragsarzt bei der Entscheidung über Einsatz und Auswahl von Arzneimitteln lenken sollen, d) um innerhalb des bestehenden gesetzlichen wie untergesetzlichen GKV-Leistungskatalogs e) eine ausreichende, zweckmäßige und wirtschaftliche Versorgung der Versicherten unter Berücksichtigung des allgemein anerkannten Standes der medizinischen Erkenntnisse zu gewährleisten.

3 Zielkonflikte und kollidierende Rechte bei der Verordnungssteuerung – welche Spannungsfelder gibt es?

3.1 Strukturunterschied zwischen System- und Verordnungsebene

Die genannte Definition beschreibt in derzeitigem System den legitimen Zweck einer regionalen Verordnungssteuerung. Gleichwohl sorgt dieses Instrument für strukturelle Spannungsfelder, mit denen die jeweiligen Akteure umgehen müssen. Dies liegt daran, dass im SGB V die Verordnung von Arzneimitteln an sich einer binären Steuerung folgt: Gewissermaßen auf einer *Makro-/Systemebene* gibt der Gesetzgeber zunächst einmal die *abstrakt-generelle Verordnungsfähigkeit von Arzneimitteln* zulasten der gesetzlichen Krankenkassen vor, teilweise noch konkretisiert durch die Selbstverwaltung in Form von Richtlinien des Gemeinsamen Bundesausschusses. Es besteht ein gesetzliches Leistungsrecht der Versicherten auf Versorgung mit verschreibungspflichtigen Arzneimitteln gemäß §§ 11, 27, 31, 34 SGB V. Dies wird untergesetzlich konkretisiert durch die Arzneimittel-Richtlinie des Gemeinsamen Bundesausschusses, etwa durch Nutzenbewertungsbeschlüsse, Therapiehinweise, oder Verordnungseinschränkungen/-ausschlüsse.

Spiegelbildlich hierzu verhält sich die *Mikro-/Verordnungsebene*. Auf dieser erfolgt eine *konkret-individuelle Behandlungsentscheidung* im Einzelfall durch den jeweils behandelnden Vertragsarzt. Dieser muss sich zunächst die Frage stellen, ob überhaupt eine Behandlung des jeweiligen Patienten notwendig ist. Sodann hat er zu beurteilen, welche Behandlung zur Erreichung des mit dem Patienten gemeinsam besprochenen Behandlungsziels zweckmäßig ist. Sofern hier verschiedene Behandlungsoptionen als gleichwertig angesehen werden, muss sich der Arzt schließlich fragen, welche Therapie die kostengünstigste ist. Denn nur diese ist in einem solchen Fall dann wirtschaftlich.

3.2 Zwitterstellung der regionalen Verordnungssteuerung

Es stellt sich die Frage: Welchen Standort hat die regionale Verordnungssteuerung zwischen diesen beiden Polen? Bei näherer Betrachtung hat die regionale Verordnungssteuerung eine *Zwitterstellung zwischen der System- und der Verordnungsebene*. Einerseits soll das Verordnungsverhalten hierdurch abstrakt-generell gelenkt werden, um eine wirtschaftliche Verordnung im Rahmen der gesetzlichen Vorgaben zu gewährleisten. Hierbei erscheint es durchaus legitim, wenn die konkrete Versorgung- und Verordnungssituation in der jeweiligen Region in das Verordnungsverhalten des Vertragsarztes einfließen soll. Auf der anderen Seite jedoch soll (und darf) die individuelle Verordnungsentscheidung des Vertragsarztes im Einzelfall nicht determiniert werden. Sie kann nicht in rechtlich zulässiger Weise abstrakt-generell und vorab festgelegt werden.

Übersetzt man dieses strukturelle Spannungsfeld in die dahinter stehenden subjektiven Rechte und Rechtspositionen der Betroffenen, sieht dies wie folgt aus: Die regionale Verordnungssteuerung betrifft zunächst einmal das Leistungsrecht des Versicherten. Denn sie wirkt sich auf die Frage aus, ob, in welchem Umfang und in welcher Weise das bestehende Leistungsrecht im Sinne eines Anspruchs auf Versorgung mit bestimmten Arzneimitteln tatsächlich in der Praxis umgesetzt wird. Die regionale Verordnungssteuerung wirkt sich zweitens auf die Berufsausübungsfreiheit der Vertragsärzte in Form der Therapieverantwortung aus. Es ist in der rechtlich anerkannt, dass die Ärzte nach Art. 12 Absatz 1 GG in ihrer Berufsausübungsfreiheit betroffen sind, wenn ihnen ihre genuin zustehende Therapieverantwortung, die sie gemeinsam mit dem Patienten ausüben und verantworten, entzogen wird oder diese eingeschränkt wird. Schließlich und zuletzt wird durch die regionale Verordnungssteuerung auch die Berufsausübungsfreiheit der pharmazeutische Unternehmer berührt.

4 Verordnungsquoten, Umstellungsprämien & Co. – wo liegen die rechtlichen Probleme?

Vor diesem Hintergrund möchte ich auf zwei in der Praxis bedeutsame Fragen und Probleme eingehen, die regionalen Verordnungssteuerung betreffen.

4.1 Grundproblematik von prüfungsrelevanten Verordnungsquoten

Zunächst zum Thema der prüfungsrelevanten Verordnungsquoten. Deren Grundproblematik besteht darin, dass sie – gerade im Vergleich zu anderen

Methoden der wirtschaftlichen Prüfung – sich „*unmittelbar auf die Krankenbe-handlung aus*[wirken] *und* [...] *den Versicherten auch erheblich punktueller als etwa eine Befolgung des allgemeinen Wirtschaftlichkeitsgebots*"[1] betreffen. Es stellt sich daher bereits die Frage, ob derartige prüfungsrelevante Verordnungsquoten überhaupt vereinbart werden dürfen.

Die rechtlichen Einzelheiten können dieser Stelle nicht erörtert werden. Es sei hier lediglich darauf hingewiesen, dass eine ursprünglich bestehende Ermächti-gungsgrundlage hierfür in § 106 Abs. 3b SGB V a. F. zum 1. Januar 2017 abge-schafft worden ist. Der neue § 106b Abs. 1 SGB V stimmt im Wesentlichen mit § 106 Abs. 3 Satz 1 SGB V a. F. überein, bei dem der Gesetzgeber seinerzeit jedoch eine gesonderte Ermächtigung für erforderlich hielt. Vor diesem Hin-tergrund bestehen daher durchaus Zweifel, ob der neue § 106b Abs. 1 SGB V als hinreichende Ermächtigung angesehen werden kann, zumal der Gesetzgeber nach früherer Rechtslage auch ein detailliertes Normprogramm für eine solche wirkstoffbezogene Prüfung vorgesehen hatte.

Ungeachtet dessen dürfte das Problem bei Verordnungsquoten vor allem in der *Begründung ihrer Höhe* bestehen. Zunächst: In der Rechtsprechung des Europäischen Gerichtshofs ist bereits entschieden worden, dass sich auch finan-zielle Anreize für die Verschreibung bestimmter Arzneimittel an der Trans-parenz-Richtlinie 89/105/EWG messen lassen müssen. Es dürfte sich kaum bezweifeln lassen, dass prüfungsrelevante Verordnungsquoten einen solchen Anreiz darstellen. Denn Vertragsärzte können durch Befolgung der jeweiligen Quoten – in regional unterschiedlichem Maße – ggf. einem Regressrisiko aus dem Weg gehen, was nichts anderes als ein finanzieller Anreiz ist.

Unter Zugrundelegung dieser Judikatur müssen Verordnungsquoten auf eine auf überprüfbaren Kriterien beruhende Begründung zurückzuführen sein. Anders gesagt: Die jeweiligen Verordnungsquoten der Kassenärztlichen Vereini-gungen müssen auf Grundlage belastbarer Daten hergeleitet und begründet wer-den. Natürlich lassen sich für die mögliche Höhe einer Forderungsquote keine pauschalen quantitativen, sondern allenfalls *qualitative Prinzipien* formulieren. Hieraus folgen jedoch sicherlich auch Grenzen von Verordnungsquoten, die vom bisherigen Verordnungsgeschehen abweichen wollen. Dies liegt daran, dass eine Abweichung von der prüfungsrelevanten Verordnungsquote nach dem Wil-len der Kassenärztlichen Vereinigungen implizieren soll, dass das bisherige Ver-ordnungsverhalten im Umfang der Abweichung nicht wirtschaftlich gewesen ist.

---

1 LSG Hamburg, Urteil vom 25. November 2015, Az.: L 5 KA 45/14, Rn. 37, zitiert nach juris.

Eine derartige *widerlegbare Unwirtschaftlichkeitsvermutung* könnte jedoch nur greifen, wenn die Kassenärztlichen Vereinigungen tatsächlich imstande wären, auf Grundlage belastbarer Daten zu begründen, warum insoweit von einer unwirtschaftlichen Verordnung auszugehen ist. Als „Faustformel" lässt sich festhalten: Je Größe die Verordnungsquote vom bisherigen Verordnungsgeschehen und Fachgruppendurchschnitt abweichen möchte, desto strenger dürften die Begründungsanforderungen aufseiten der Kassenärztlichen Vereinigung sein.

4.2 Grundproblematik von Umstellungsprämien

Ergänzend möchte ich auf die Grundproblematik von Umstellungsprämien hinweisen. In Strukturverträgen sind in der Vergangenheit nicht selten indikationsbezogene Modelle vereinbart worden, die die Zahlung von Prämien an Vertragsärzte für Neueinstellungen/Umstellungen von Patienten vorsehen. Diese Modelle zeichnen sich typischerweise dadurch aus, dass Ärzte finanzielle Zuwendungen dafür erhalten, dass sie bestimmte kostengünstigere Arzneimittel/Wirkstoffe verordnen. Hierbei werden teilweise erhebliche Zusatzvergütungen vorgesehen.

Das Problem ist: Dies gerät bereits in *Konflikt mit dem ärztlichen Berufsrecht*. Denn das ärztliche Berufsrecht soll die ärztliche Unabhängigkeit gewährleisten, sodass eine medizinisch sachgerechte Versorgung der Patienten gesichert ist. Insbesondere das Vertrauen der Patienten in die Unabhängigkeit der Therapieentscheidung der Ärzte soll geschützt werden. Insoweit statuiert § 31 Abs. 1 MBO-Ä, dass es Ärztinnen und Ärzten nicht gestattet ist, insbesondere für die Verordnung von Arzneimitteln ein Entgelt oder andere Vorteile zu fordern, oder sich gewähren zu lassen. Wichtig ist in diesem Zusammenhang: Eine verbotene verordnungsbezogene Zuwendung ist unabhängig davon berufswidrig, welche Motive sie verfolgt, insbesondere also, ob sie gleichzeitig eine wirtschaftliche Behandlungs- oder Verordnungsweise bezweckt.

Teilweise wird unter Bezugnahme auf § 32 Abs. 2 Satz 2 MBO-Ä eine andere Sicht der Dinge vertreten. Diese Vorschrift sieht vor, dass eine Beeinflussung dann nicht berufswidrig ist, *„wenn sie einer wirtschaftlichen Behandlungs- oder Verordnungsweise auf sozialrechtlicher Grundlage dient und dem Arzt die Möglichkeit erhalten bleibt, aus medizinischen Gründen eine andere als die mit finanziellen Anreizen verbundene Entscheidung zu treffen."* Freilich wird hierbei übersehen, dass diese Vorschrift nicht das verordnungsbezogene Zuwendungsverbot des § 31 Abs. 1 MBO-Ä, sondern lediglich das allgemeine Verbot der Vorteilsannahme in § 32 Abs. 1 Satz 1 MBO-Ä einschränkt, wonach es Ärzten nicht gestattet ist, von Patientinnen oder Dritten Geschenke oder andere Vorteile sich versprechen zu lassen oder anzunehmen, wodurch der Eindruck erweckt wird, dass die Unabhängigkeit der ärztlichen Entscheidung beeinflusst wird. Für das in § 31 Abs. 1 MBO-Ä enthaltene verordnungsbezogene Zuwendungsverbot gilt diese Einschränkung daher nicht.

Seit Einführung der §§ 299a, b StGB stellt sich zudem eine viel weitreichendere Frage: Sind Verordnungsprämien der Krankenkassen zugleich auch ein *strafrechtliches Problem*? Nach Kenntnisstand des Verfassers gibt es bislang hierzu keine gerichtlichen Entscheidungen oder eine gefestigte staatsanwaltliche Praxis. Allerdings wird man nicht umhin kommen, darin ein erhebliches Strafbarkeitsrisiko zu erblicken. Dies liegt daran, dass nach den §§ 299a, b StGB finanzielle Zuwendungen an Ärzte als Gegenleistung für die Verordnung von Arzneimitteln strafbar sein können. Wichtig ist: Der Wortlaut des Gesetzes macht keinen Unterschied danach, ob die Zahlung seitens von Pharma-Unternehmen oder einer gesetzlichen Krankenkassen erfolgt. Vielmehr handelt es sich auf *Geberseite* offenkundig um ein sog. *„Jedermann-Delikt"*. Es kann von jeder Person als Täter begangen werden.

Einschränkende Überlegungen in der Gesetzesbegründung haben keinen Niederschlag im Gesetzeswortlaut gefunden. Dies erscheint angesichts des Ziels der Vorschrift, die medizinische Unabhängigkeit der Verordnungsentscheidung zu gewährleisten, auch im Ergebnis folgerichtig. Denn ob diese medizinische Unabhängigkeit der Verordnungsentscheidung durch eine Prämie seitens eines Unternehmens oder seitens einer Krankenkasse beeinträchtigt wird, ist für den Schutzzweck der Norm irrelevant.

5 Fazit und Ausblick

Der legitime Zweck der regionalen Verordnungssteuerung liegt darin, den wirtschaftlichen Einsatz von Arzneimitteln innerhalb des bestehenden gesetzlichen sowie untergesetzlichen Leistungskatalogs zu unterstützen. Es geht also nicht um eine „Gegenregulierung", sondern bloß um eine *dienende Annexregulierung*.

Dieses Steuerungsinstrument ist also legitim und sinnvoll, sofern es (i) um die regionale Implementierung bundeseinheitlicher Vorgaben oder (ii) die Prüfung der diesbezüglichen Konformität des Verordnungsverhaltens geht. Insbesondere erscheint daher unproblematisch, wenn das Verordnungsvolumen im Vergleich zur Versorgungsqualität etwa mit Blick auf den Fachgruppendurchschnitt überprüft und bewertet wird. Die Therapieverantwortung des Arztes im Einzelfall muss stets bestehen bleiben.

Rechtliche Bedenken bestehen u. a. bei den wirkstoffbezogenen Verordnungsquoten mit Prüfungsrelevanz. Denn diese ziehen auf eine Änderung des bisherigen Fachgruppendurchschnittes ab. Insbesondere die Begründung und Herleitung der Quotenhöhe scheint rechtlich wie tatsächlich schwierig und anspruchsvoll. Noch risikoreicher sieht es bei einer Verordnungssteuerung durch Umstellungsprämien aus. Diese befinden sich in einem schwierigen rechtlichen Graubereich mit erheblichen Strafverfolgungsrisiken.

Angesichts der „unterentwickelten" Normdichte im Bereich der regionalen *Verordnungssteuerung* und weniger Präzedenzfälle in der Rechtsprechung dürften die Rechtsunsicherheiten auf absehbare Zeit noch weiter bestehen bleiben.

Johann-Magnus von Stackelberg, Anja Tebinka-Olbrich und Kerstin Pietsch

Ausgabensteuerung: Vom Preis-Mengen-Fokus zur Indikationsqualität

1 Ausgabenentwicklung im Bereich Arzneimittel

1.1 GKV-Ausgaben für Arzneimittel

Aus der Amtlichen Statistik KJ 1 geht hervor, dass die Arzneimittelausgaben trotz wirksamer Kostendämpfungsinstrumente seit Jahren kontinuierlich steigen (siehe Abb. 1). Der Zuwachs betrug im Jahr 2016 gegenüber 2015 etwa 4,1 %. Dieser Trend setzt sich auch im Jahr 2017 fort. Im ersten Halbjahr 2017 waren es schon 3,2 %. Für das Gesamtjahr 2017 wird von Ausgaben i. H. v. etwa 37,5 Mrd. EURO ausgegangen. Dabei sind die Preiskomponenten, insbesondere aufgrund von Festbetragssenkungen und der Verhandlung von Erstattungsbeträgen sowie die Mengenkomponente rückläufig. Wesentlicher Treiber der derzeitigen Ausgabenentwicklung ist also weiterhin eine sehr hohe Strukturkomponente. Die Ausgabensteigerung wird überwiegend durch hochpreisige, neu in den Markt eingeführte Arzneimittel begründet. Zusätzlich tragen seit mehreren Jahren im Markt befindliche Arzneimittel, wie z. B. neue orale Antikoagulantia (NOAKs; u. a. Apixaban, Rivaroxaban, Dabigatran), viele Onkologika, sowie TNF-α Inhibitoren (u. a. Adalimumab, Golimumab) und Therapeutika zur Behandlung der Multiplen Sklerose, deren Absätze weiterhin deutlich steigen, dazu bei. Des Weiteren ist zu erwarten, dass ab Juli 2018 die Preiskomponente wieder zur Ausgabensteigerung beiträgt, da dann gemäß § 130a Abs. 3a S. 2 SGB V im Zuge der Lockerung des Preismoratoriums die pharmazeutischen Unternehmer ihre Preise im Rahmen der Steigerung des Verbraucherpreisindizes (Inflationsausgleich) erhöhen können.

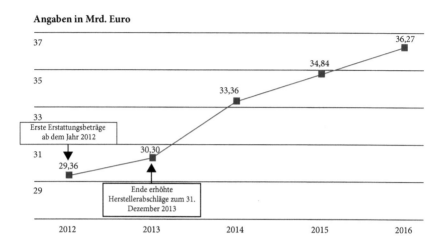

Abb. 1: Ausgaben für Arzneimittel (Apotheken, Versandhandel und Sonstige).
Quelle: Amtliche Statistik KJ 1; Darstellung: GKV-Spitzenverband

1.2 Arzneimittelausgaben im internationalen Vergleich

Eine Analyse der WHO (vgl. Panteli, D. et al., 2016, S. 5 ff.) hat gezeigt, dass die Arzneimittelausgaben pro Kopf in Deutschland die höchsten in ganz Europa sind. Im Vergleich der Mitgliedsländer der OECD (https://data.oecd.org/chart/4ZyN) stehen wir an dritter Stelle hinter den USA und der Schweiz. Glücklicherweise hat die über die letzten Jahre anhaltend gute Konjunktur zu einem nur geringen prozentualen Anstieg der Arzneimittelkosten gemessen am Brutto-Inlands-Produkt (BIP) geführt. Was aber passiert, wenn sich in Deutschland die Konjunktur abschwächt und damit das BIP stagniert? Dürfen die Arzneimittelausgaben dann weiter wie bisher ansteigen?

1.3 Neue Arzneimittel: Innovative Produkte – mit fairen Preisen?

Eine Untersuchung der Gewinnspannen der pharmazeutischen Unternehmen zeigt, dass diese in 2013 im Mittel bei annähernd 20 % lagen (vgl. Anderson, R. 2014). Damit ist diese Branche Spitzenreiter vor anderen Industriezweigen wie beispielsweise der Automobilindustrie (ca. 6 %) oder der Baustoff- und Elektrogeräteindustrie (beide ca. 4 %; vgl. https://www.cbs.nl/en-gb/news/2017/15/highest-operating-result-in-pharmaceutical-industry). Zum Vergleich: auch

Walmart – einer der weltweit größten Einzelhändler – kann jährlich nur mit einer Nettogewinnmarge von 3 % rechnen (vgl. Ross, S. 2018).

Ohne Frage werden von der pharmazeutischen Industrie innovative Arzneimittel entwickelt. Ob es jedoch vertretbar ist im Einzelfall derart viel Geld dafür zu verlangen, bleibt fraglich. Die hohen Kosten von Arzneimitteln werden meist mit hohen Entwicklungskosten und Risiken der klinischen Entwicklung begründet.

Eine neue Studie von Prasad und Mailankody (2017) weist jedoch darauf hin, dass die Forschungs- und Entwicklungskosten mit im Median 648 Mio. USD deutlich niedriger sind, als bisher bekannt. Bei den betrachteten 10 Krebsmedikamenten, die zwischen 2006 und 2015 in den USA zugelassen wurden, übertrafen die Einnahmen durchschnittlich bereits nach 4 Jahren am Markt die Entwicklungskosten – zum Teil um mehr als das Zehnfache. Bisherige Veröffentlichungen (u. a. der Tufts University in Boston; vgl. DiMasi, J. A. et al. 2016) hatten F&E Kosten von etwa 2,7 Mrd. USD pro neuem Krebsmedikament veranschlagt.

2 Steuerungsinstrumente zur Sicherung der Finanzierbarkeit der Arzneimittelversorgung

2.1 Steuerungsinstrumente mit Preis-Mengen-Fokus

Zahlreiche Steuerungsinstrumente sichern die Finanzierbarkeit der Arzneimittelversorgung (siehe Abb. 2). Dabei wurde bisher der Fokus hauptsächlich auf die Regulierung der Preise und/oder der Mengen gesetzt. Zu den bestehenden Preisregulierungen gehören z. B. die Festbeträge, die sich seit mehr als einem viertel Jahrhundert zur Hebung von Wirtschaftlichkeitsreserven bewährt haben. Die Herstellerabschläge (Einsparungen im Jahr 2016 ca. 1,71 Mrd. EURO) und die seit 2011 zu verhandelnden Erstattungsbeträge (Einsparungen im Jahr 2016 ca. 1,35 Mrd. EURO) tragen zur Bezahlbarkeit der Arzneimittelversorgung bei ebenso wie Rabattverträge nach § 130a Abs. 8 SGB V (2016 ca. 3,9 Mrd. EURO). Instrumente zur Mengensteuerung können vielfältig gestaltet sein und umfassen von Gesamtmengenvereinbarungen bis hin zu Praxisbesonderheiten ein weites Spektrum. Daneben sind Verordnungsquoten nach § 84 SGB V (z. B. Biosimilarquoten), Zielvereinbarungen sowie Selektivverträge (z. B. Rheumavertrag der TK) wichtige Instrumente zur Mengensteuerung. Verordnungseinschränkungen nach Anlage III der AM-RL des G-BA wurden mit dem AM-VSG gestärkt. Neben all diesen Instrumenten bleibt die Wirtschaftlichkeitsprüfung nach § 106b SGB V nach wie vor unerlässlich.

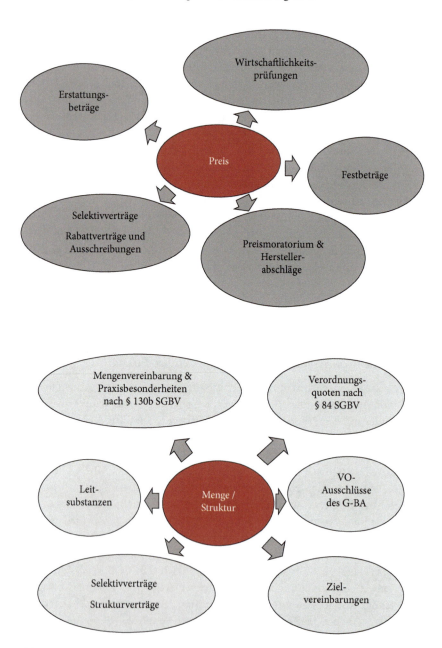

Abb. 2: Bisherige Steuerungsinstrumente im Bereich Preis-Mengen-Regulierung.
Quelle: GKV-Spitzenverband; eigene Darstellung

Bedauerlicherweise spielen die G-BA Nutzenbeschlüsse in der Versorgungssteuerung bisher jedoch keine Rolle. Dabei handelt es sich um öffentlich verfügbare, differenzierte Bewertungen hinsichtlich des Zusatznutzens von Arzneimitteln im Vergleich zur allgemein anerkannten Standardtherapie. Es wird Zeit, diese Informationen stärker zu nutzen und über die Verbesserung der Indikationsqualität einen Beitrag zur Erhaltung der Finanzierbarkeit zu leisten.

2.2 Auf dem Weg zu neuen Steuerungsinstrumenten mit Fokus auf Indikationsqualität

2.2.1 Rückblick: 7 Jahre AMNOG

Insgesamt gibt es zum Stand 15.02.2018 für 191 Wirkstoffe, die sich in 531 Teilindikationen aufgliedern, eine aktuell gültige Nutzenbewertung, die außer bei Orphan Drugs immer einen Vergleich zu der bisherigen Standardtherapie zieht. Die dazu verfügbaren Informationen finden sich in insgesamt 249 (mit den bereits nicht mehr gültigen sogar 282) G-BA Beschlüssen im pdf-Format auf der öffentlich zugänglichen Internetseite des G-BA.

In den 7 Jahren seit Einführung des AMNOG in 2011 wurden auf Grundlage der G-BA Beschlüsse für 163 Wirkstoffe (z. T. auch mehrfach z. B. nach Neubewertung aufgrund Fristablauf, Bewertung eines neuen Anwendungsgebietes, Bewertung nach Überschreiten der 50 Mio. EURO Umsatzgrenze bei Orphan Drugs oder nach Kündigung eines Vertrages) Erstattungsbeträge verhandelt oder festgesetzt (siehe Abb. 3). Davon haben 59 einen vollen, 48 einen teilweisen und 56 keinen Zusatznutzen nachgewiesen. Bei insgesamt 96 Arzneimitteln (ca. 59 %) gibt es mehr als eine Patientengruppe, aber nur ein Erstattungsbetrag gilt dafür jeweils.

2.2.2 Steigende Komplexität in der medizinischen Versorgung

Um zu verdeutlichen, wie komplex sich für den Arzt heutzutage die Indikationsstellung und die damit verbundene Auswahlentscheidung für eine bestimmte Therapieoption gestaltet, wird im Folgenden kurz das Therapiegebiet des nichtkleinzelligen Lungenkarzinoms (NSCLC) aufgegriffen. Abb. 4 veranschaulicht, worin die Komplexitätssteigerung der letzten Jahre liegt. Während sich früher die Therapieauswahl hauptsächlich an wenigen Faktoren, wie dem Tumorstatus TNM, dem allgemeinen Gesundheitszustand (ECOG-Performance Status) und Komorbiditäten orientierte, sind heute häufig die Tumoren über Biomarker charakterisiert. So liegt heutzutage der Fokus der Therapieentscheidung verstärkt auf zielgerichteten Therapien.

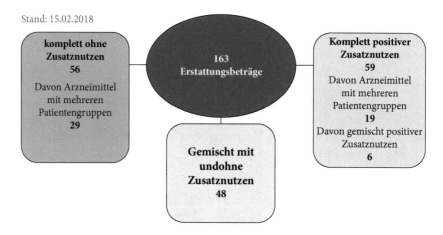

Abb. 3: Anzahl gültiger Erstattungsbeträge.
Quelle: GKV-Spitzenverband; eigene Darstellung

Die schnell fortschreitende Identifizierung therapeutisch relevanter Treibermutationen und Zielstrukturen, die nur bei einem Teil der Tumore auftreten, verursacht eine sehr dynamische Entwicklung der Therapieoptionen. Die Wirksamkeit der einzelnen Therapieoptionen ist dabei beschränkt auf Tumore mit bestimmten biologischen Besonderheiten, teilweise sogar auf spezifische Mutationen (sog. Präzisionsmedizin; Bspl. NSCLC: u. a. PD-L1: Pembrolizumab, Nivolumab, Atezolizumab; EGFR: Afatinib (Del19), Osimertinib (T790M), Necitumumab; ALK: Crizotinib, Ceritinib, Alectinib; ROS1: Crizotinib; BRAF: Trametinib/Dabrafenib). So sind zurzeit für ca. 25 % der Patienten mit einem Adenokarzinom zielgerichtete Therapien möglich.

Dieser Komplexität und auch der fortschreitenden Dynamik wird in den differenzierten Nutzenbewertungsergebnissen des G-BA Rechnung getragen. Entsprechend sollten diese Erkenntnisse zur differentialtherapeutischen Bewertung der Optionen zeitnah und voller Breite beim behandelnden Arzt ankommen, damit alle Patienten die bestmögliche und passgenaue Therapie erhalten können.

2.2.3 AM-VSG: Rechtsverordnung des BMG nach §73 Abs. 9 SGB V zur Implementierung der Informationen nach § 35a SGB V in einem Arztinformationssystem

Noch im Jahr 2015 gaben in einer Untersuchung der DAK-Gesundheit und der Zeitschrift „Der Hausarzt" nur 12 % der teilnehmenden Ärzte an, Informationen

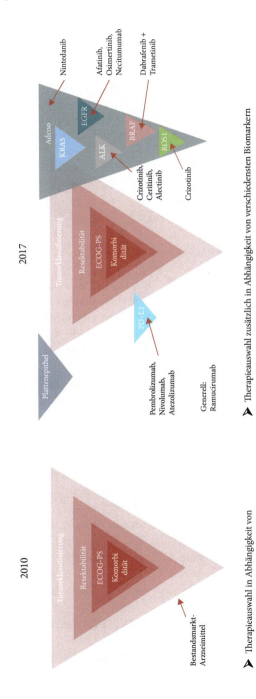

Abb. 4: Differentialtherapeutische Indikationsqualität am Beispiel NSCLC.
Quelle: GKV-Spitzenverband; eigene Darstellung

über neue Arzneimittel von den Internetseiten des G-BA oder IQWiG zu beziehen (Greiner, W. und Witte, J. 2016). Der Schluss liegt damit nahe, dass die Nutzenbewertung noch nicht ausreichend Niederschlag in der Praxis findet. Der Gesetzgeber hat das erkannt. Im Rahmen des im Mai 2017 in Kraft getretenen Arzneimittelversorgungsstärkungsgesetzes (AM-VSG) wurde die Grundlage für ein neues Arztinformationssystem (AIS) geschaffen, welches die Ärzte zeitnah (ab April 2018 monatsweise, ab 2020 im 14-Tages-Rhythmus) über Details der G-BA Nutzenbeschlüsse informieren soll.

Wird der Arzt auf diesem Weg bei einer reflektierten Therapieentscheidung unterstützt, kann sich die Qualität der Indikationsstellung verbessern. Damit wird auch sukzessive die Wahrscheinlichkeit für den einzelnen Patienten steigen, die bestmögliche Behandlung zu erhalten.

Wie genau das BMG die nach § 73 Abs. 9 i. V. m. § 35a Abs. 3a SGB V umzusetzende Rechtsverordnung gestalten und so die Leitplanken zur Umsetzung des neuen AIS setzen wird, bleibt abzuwarten. Im Vorfeld durch den Verordnungsgeber zu durchdenken bleibt jedoch die Zielsetzung der neuen Software: Soll sie eine einfache Handlungsempfehlung geben und die maximale Freiheit über die Therapieentscheidung beim Arzt verbleiben und damit dann auch die volle Verantwortung für die Wirtschaftlichkeit der Verordnung oder soll eine höhere Bindungswirkung erzielt werden, die dann auch einen gewissen Schutz vor Regress bietet (Haas, A. und Kuhn, M., 2018)?

2.2.4 Ein Arztinformationssystem nach Vorstellungen des GKV-SV

Die möglichen Anbieter von Patientenverwaltungssystemen (PVS) haben vielfältige Gestaltungsmöglichkeiten, solange sie dabei immer die Vorgaben des sog. Zertifizierungskataloges nach § 73 Abs. 9 SGB V berücksichtigen. Zurzeit existieren verschiedene Positionen zur Ausgestaltung des neu zu implementierenden AIS bei verschiedenen Akteuren. Nach ausführlichem Meinungsaustausch mit Ärzten, Softwareanbietern etc. soll im Folgenden eine Gestaltungsmöglichkeit einer PVS unter Integration der Informationen aus den G-BA Beschlüssen beschrieben werden, die den Vorschlägen des GKV-SV entspricht. Es wird ein Beispiel aus dem Indikationsgebiet NSCLC von oben wieder aufgegriffen. Dabei gibt es verpflichtende und fakultative Informationsbereiche. Auch die Dokumentation der exakten Teilindikation ist aus unserer Sicht wünschenswert.

Das verbindliche Kernstück des AIS soll den G-BA-Beschluss inklusive der Kurzformulierung zur Zulassung, der genauen Charakteristik der zugehörigen Teilindikationen und des festgestellten Zusatznutzens gegenüber der bestimmten und durch den pharmazeutischen Unternehmer bedienten zweckmäßigen Vergleichstherapie wiedergeben (siehe Abb. 5).

Will der Arzt darüber hinaus mehr über die der Nutzenbewertung zugrunde liegenden Studien, den bedienten Endpunkten und zu den Hintergründen für den beschiedenen Zusatznutzen wissen, kann er dazu einfache, gut handhabbare Informationen mit wenigen Mausklicks abrufen (siehe Abb. 6). Des Weiteren können ebenfalls fakultativ Hinweise zur Wirtschaftlichkeit im AIS untergebracht werden, beispielsweise ob bereits ein Erstattungsbetrag verhandelt wurde, ob es auf Bundesebene eine Praxisbesonderheit gibt oder wichtige Informationen zur qualitätsgesicherten Anwendung. Ebenso sollte das Vorhandensein von regionalen Vereinbarungen und Selektivverträgen dort dokumentiert werden (vgl. Abb. 7).

In einem weitergehenden Entwicklungsschritt sollte das Verordnungsmodul mit dem Patientenmodul verknüpft werden. Dort könnten Warnhinweise zu Komorbiditäten, Arzneimittelinformationen oder Wechselwirkungen untergebracht werden, die bei der individuellen Verordnung aufblinken in Abhängigkeit von zum entsprechenden Patienten gespeicherten Laborparametern etc. (vgl. Abb. 8). Durch eine stärkere Reflektion bei der Auswahl des Arzneimittels kann der Arzt notwendigen Dokumentationsaufwand erkennen und Wirtschaftlichkeitskonflikte vermeiden. Durch eine Verknüpfung des Patientenmoduls mit dem AIS können Teilindikationen gespeichert werden (vgl. Abb. 9a und 9b).

3 Fazit

Trotz vorhandener Kostendämpfungsinstrumente steigen die Ausgaben für Arzneimittel fortlaufend. Bisher wurde die Ausgabensteuerung vorwiegend über Instrumente geleistet, die auf die Regulierung des Preises und/oder die Menge von Arzneimitteln fokussieren. Mit Einführung des AMNOG und der damit verbundenen Zusatznutzenbewertung auf Basis wissenschaftlicher, vergleichender Evidenz erschließen sich neue Möglichkeiten der Ausgabensteuerung mit Blick auf die Behandlungsqualität.

Über das neue AIS muss die Voraussetzung dafür geschaffen werden, dass die Information der Beschlüsse nach 35a SGB V bei den Ärzten und somit in der Versorgung besser ankommt. Damit verbessern sich sowohl die Indikationsqualität als auch die Passgenauigkeit der Therapieauswahl. Darüber können auch Wirtschaftlichkeitsreserven erschlossen werden. In der weitergedachten Konsequenz kann mit einem AIS auch der Mischpreis bei Arzneimitteln mit mehreren Teilindikationen aufgelöst werden und eine nutzengerechte Erstattung über indikationsspezifische Preise erfolgen.

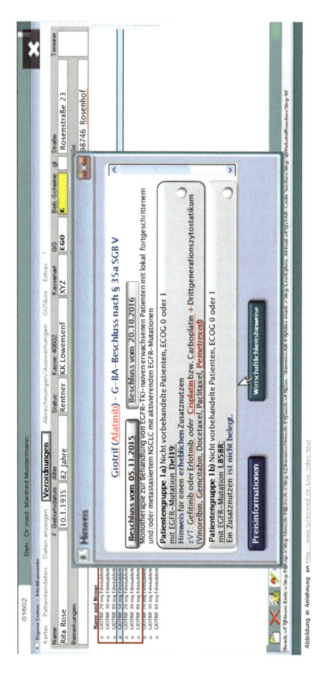

Abb. 5: AIS – verbindliches Kernstück: Teilindikationen und Zusatznutzen in Beziehung zum Vergleichsgegenstand. Quelle: GKV-Spitzenverband; eigene Darstellung

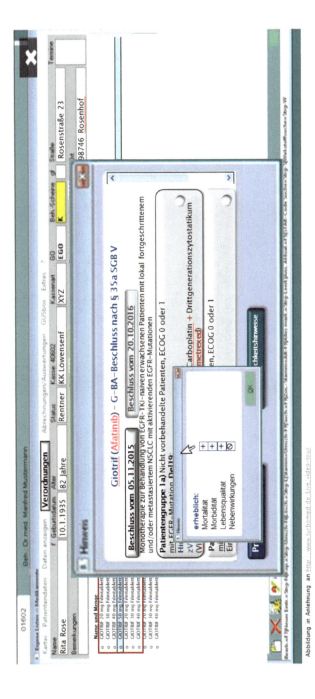

Abb. 6: AIS – Fakultative Informationen zur frühen Nutzenbewertung: Worauf begründet sich das Ausmaß des Zusatznutzens? Quelle: GKV-Spitzenverband; eigene Darstellung

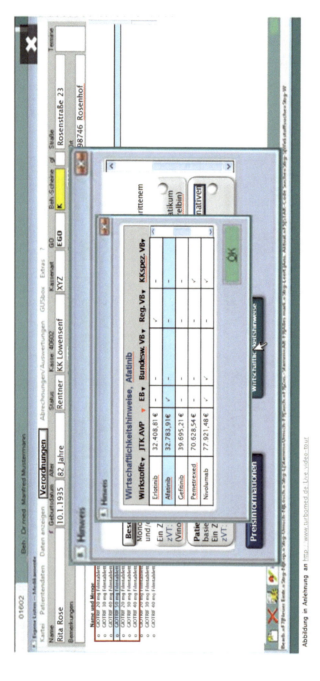

Abb. 7: AIS – Fakultative Informationen zu Wirtschaftlichkeitshinweisen: Preise, Informationen zu weiteren Vereinbarungen und Erstattungsbeträgen.
Quelle: GKV-Spitzenverband; eigene Darstellung

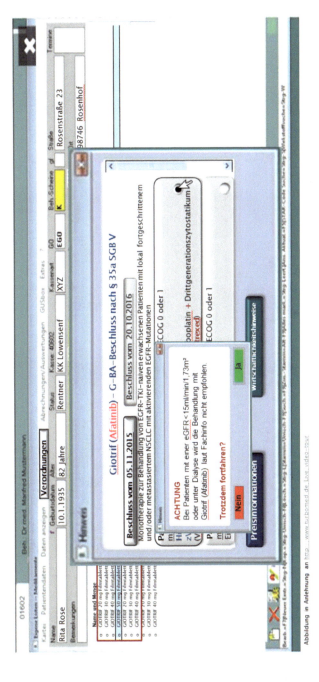

Abb. 8: AIS – Verknüpfung von Verordnungsmodul mit Patientenmodul: Anzeige von Kontraindikationen o. ä. Patienteninformationen.
Quelle: GKV-Spitzenverband; eigene Darstellung

Abb. 9a: AIS – Verknüpfung von Verordnungsmodul mit Patientenmodul: Speicherung von patientenspezifischen Daten.
Quelle: GKV-Spitzenverband; eigene Darstellung

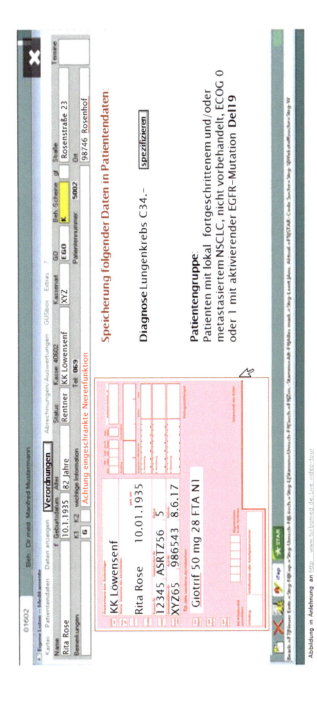

Abb. 9b: AIS – Verknüpfung von Verordnungsmodul mit Patientenmodul: Speicherung von patientenspezifischen Daten.
Quelle: GKV-Spitzenverband; eigene Darstellung

4 Ausblick: Themen für die kommende Legislatur

Nach wie vor gibt es Potential die Arzneimittelversorgung durch Reformen zu verbessern.

4.1 Reformbedarf im Bereich Arzneimittel

Dazu gehört weiterhin die Forderung nach Gültigkeit des **Erstattungsbetrages ab Tag 1**, da der Anreiz besteht, die vorhandenen Preisgestaltungsspielräume in den ersten 12 Monaten strategisch auszunutzen. Eine Rückwirkung des ausgehandelten Erstattungsbetrages ab dem ersten Tag des Inverkehrbringens ist daher auch langfristig für die Unternehmen richtig. Ohne eine Vorverlegung des Nutzenbewertungsverfahrens bliebe damit weiterhin der unverzögerte Zugang der Patienten zu innovativen Therapieoptionen gewahrt und es ließe sich gleichzeitig ein zusatznutzenbasierter Preis von Anfang an sicherstellen.

Des Weiteren bestehen auf ärztlicher Seite nach wie vor Unsicherheiten, in welchen Fällen die Wirtschaftlichkeit des Erstattungsbetrages gegeben ist. Diese Frage ist stets im Einzelfall zu entscheiden. Insbesondere bei Arzneimitteln, die in mindestens einer Patientengruppe einen Zusatznutzen aufweisen, und in einer anderen wiederum nicht muss ein einheitlicher Erstattungsbetrag („**Mischpreis**") nicht für alle Patientengruppen gleichermaßen wirtschaftlich sein. Durch die Einführung eines neuen AIS, welches zusätzlich zu dem verbindlichen Kernstück auch die Verknüpfung mit dem Patientenmodul herstellt und so eine Speicherung und Übermittlung der Teilindikationen gemäß G-BA-Beschluss an die Krankenkassen ermöglicht, können Mischpreise nach Monitoring der Verordnungsentwicklung durch die Preisverhandlungen angepasst werden. In einem weiteren Schritt kann dann die Wirtschaftlichkeit durch **indikationsspezifische Preise** gestärkt werden (Haas, A. et. al. 2016; Haas, A. und Kleinert, J. M. 2017; v. Stackelberg et. a. 2017a, S. 193 ff.).

Auch werden zunehmend beschleunigt zugelassene Arzneimittel – mit geringeren Anforderungen an die Studiengrundlage- und die damit verbundene Problematik der **Datenunreife** und der **fortschreitenden Entwertung der Zulassung**, gesetzliche Anpassungen notwendig machen. Hier muss ein angemessener Ausgleich gefunden werden zwischen der erhöhten Unsicherheit bei Wirksamkeit und Zusatznutzen einerseits und dem Kostenrisiko zulasten der GKV andererseits (vgl. dazu vgl. v. Stackelberg, J. M., et. al. 2016, S. 167–168; v. Stackelberg, J. M., et. al. 2017b, S. 175; Zentner, A. und Haas, A. 2016a; 2016b). Daneben muss über die Schaffung von Forschungsanreizen für die pharmazeutischen Unternehmen sichergestellt werden, dass die anfangs vorhandene „Wissenslücke" durch zwingend nachzuliefernde Daten geschlossen wird (z. B.

Erstattungsbetrag ab Tag 1, Abschläge bei Folgebewertungen ohne bessere Studiendatenqualität).

Der vermehrte Einsatz von **Kombinationstherapien** führt bei den Kostenträgern zu einer Addition der Therapiekosten (vgl. v. Stackelberg, J. M., et. al. 2016, S. 172–177). Auch wenn der kombinierte Einsatz von mehreren Arzneimitteln fester Bestandteil des therapeutischen Erkenntnisprozesses ist, stellt die angemessene monetäre Bewertung eine große Herausforderung dar, denn der durch die Kombination generierte Zusatznutzen ist nicht einfach die Summe der Zusatznutzen der Monotherapien. Daher stößt das AMNOG bei der Steuerung der Kosten für Kombinationen an Grenzen, und dies noch verstärkt, wenn ein Kombinationspartner nicht nach § 35a SGB V bewertet wird (Neumarkt, aber kein neues Anwendungsgebiet, Bestandsmarkt) oder die Kombination sequentiell erfolgt. Hier müssen gesetzliche Regelungen gefunden werden, die zukünftig eine Kostenregulation von Kombinationen ermöglichen.

Für **Orphan Drugs** besteht nach den gesetzlichen Regelungen eine Zusatznutzenfiktion, sodass der G-BA im Rahmen seiner Nutzenbewertung nur über das Ausmaß des Zusatznutzens zu entscheiden hat. Die Bewertungsbefunde seit 2012 zeigen jedoch, dass die Fiktion eines Zusatznutzens oftmals nicht der tatsächlichen Datenlage gerecht wird. Lediglich für 25 (32 %) von insgesamt 77 Teilindikationen aus 45 bis dato bewerteten Orphan Arzneimitteln konnte ein tatsächlich quantifizierbarer Zusatznutzen nachgewiesen werden (vgl. dazu auch v. Stackelberg, J. M., et. al. 2017b, S. 168–169). In der Mehrzahl der Bewertungen war das Ergebnis wegen der hohen Unsicherheit in den eingereichten Daten ein „nicht quantifizierbarer Zusatznutzen". Aus Patientensicht sollte der Zusatznutzen eines Arzneimittels jedoch grundsätzlich auf Basis von umfassenden Studiendaten und im Rahmen einer vollen Nutzenbewertung geprüft werden. Auch hier muss die Gesetzgebung nachjustieren und sollte die Transparenz über wirklich vorhandenen oder nur fiktiven Zusatznutzen herstellen.

4.2 Reformbedarf im Bereich Apotheken

Zur Schaffung einer belastbaren Grundlage für Anpassungen der **Apothekenvergütung** gab das Bundesministerium für Wirtschaft und Technologie (BMWi) ein Gutachten zur „Ermittlung der Erforderlichkeit und des Ausmaßes von Änderungen der in der Arzneimittelpreisverordnung (AMPreisV) geregelten Preise" in Auftrag. Das Gutachten wurde Ende Dezember 2018 veröffentlicht. Es bestätigt die Vermutung, die bisher auf Grundlage der verfügbaren Daten nicht überprüft werden konnte, dass sowohl die Systematik als auch die Höhe der Vergütung derzeit nicht den Ressourcenverbrauch in der Apotheke widerspiegeln. Um – wie auch in anderen Versorgungsbereichen – die Vergütung leistungsgerecht auszugestalten, müssten die einzelnen Vergütungsformen ihrer Höhe nach neu bestimmt werden. Trotz substantieller Erhöhung einiger Vergütungsformen, beispielsweise der Vergütung für Rezepturen und der Pauschalvergütung der Nacht- und Notdienste wären mit der Anpassung der Vergütung auf Basis der Ergebnisse des Gutachtens Einsparungen in Höhe von ca. 1,24 Mrd. € für alle Kostenträger verbunden. Die momentane Vergütung beinhaltet also erhebliche Wirtschaftlichkeitsreserven.

Das Gutachten belegt weiterhin, dass der Begriff „Apothekensterben", der seitens der Apothekerschaft in den letzten Jahren kommuniziert wurde, nicht angebracht ist. Vielmehr stellt der **Rückgang der Apothekenzahl** bei gleichzeitig steigender Beschäftigtenzahl eine Konsolidierung dar. Der Großteil der Apothekenschließungen fand zudem in städtischen Räumen statt. In diesen Bereichen besteht ohnehin eine tendenziell höhere Versorgungsdichte mit Apotheken.

Seitens der Politik wird derzeit wieder ein Verbot des **Versandhandels** mit verschreibungspflichtigen Arzneimitteln diskutiert. Dieses Vorhaben hat es sogar in den Entwurf eines Koalitionsvertrages zwischen SPD und CDU/CSU geschafft. Jedoch können insbesondere Patienten in ländlichen Regionen und Patienten mit chronischen Erkrankungen und einer langfristigen, planbaren Medikation vom Versandhandel profitieren. Auch mit einem solchen Verbot befasst sich das Gutachten. Ein Zusammenhang zwischen der wirtschaftlichen Lage der niedergelassenen Apotheken und der Konkurrenz durch ausländische Versandapotheken kann das Gutachten nicht bestätigen. Der Marktanteil von Versandapotheken bleibt auch nach dem EuGH-Urteil aus 2016 auf sehr geringem Niveau. Selbst bei angenommenen signifikanten Wachstumsraten sehen die Gutachter kein existentielles Bedrohungspotential für niedergelassene Apotheken. Notwendig zur Sicherstellung der Versorgung sei vielmehr eine kostendeckende Vergütung des Notdienstes. Diese könnte durch eine Anpassung der Vergütung auf Basis der Ergebnisse des Gutachtens erreicht werden.

Literatur

Anderson, R. (2014): Pharmaceutical industry gets high on fat profits (06.11.2014). http://www.bbc.com/news/business-28212223. (aufgerufen am 26.01.2018).

DiMasi, J. A., Grabowski, G. H., Hansen, R. W. (2016): Innovation in the pharmaceutical industry: New estimates of R&D costs, Journal of Health Economics, Nr. 47, Mai 2016, S. 20–33.

Greiner, W., Witte, J. (2016): AMNOG-Report 2016, in: Rebscher, H. (Hrsg.): Beiträge zur Gesundheitsökonomie und Versorgungsforschung. Band 12, S. 140ff, Bielefeld, Hamburg: medhochzwei Verlag GmbH, Heidelberg.

Haas, A., Kleinert, J. M. (2017): Arztinformation zu den G-BA-Beschlüssen zur nutzenorientierten Erstattung. Interdisziplinäre Plattform zur Nutzenbewertung. Heft 4. AMNOG 2.0-Informationsprobleme. Springer Medizin, Berlin.

Haas, A., Kuhn, M. (2018): Arztinformationssystem – eine Vision im Detail. Interdisziplinäre Plattform zur Nutzenbewertung. Springer Medizin. Heft 6, Februar 2018, S. 8–15.

Haas, A., Tebinka-Olbrich, A., Kleinert, J. M., Rózynska, C. (2016): Konzeptpapier: Nutzenorientierte Erstattung. Stand: 28.04.2016. GKV-Spitzenverband, Berlin.

https://www.cbs.nl/en-gb/news/2017/15/highest-operating-result-in-pharmaceutical-industry, Highest operating result in pharmaceutical industry, 14/04/2017, (aufgerufen am 23.02.2018).

OECD (2015): Compare countries on data.oecd.org; Pharmaceutical spending (Total, US dollars/capita, 2015) (https://data.oecd.org/chart/4ZyN), (aufgerufen 21.02.2018).

Panteli, D. et al./Studie World Health Organization (WHO) (2016): Health Systems in Transition: Pharmaceutical regulation in 15 European countries (Review), Vol. 18 No. 5 (2016).

Prasad, V., Mailankody, S. (2017): Research and Development Spending to Bring a Single Cancer Drug to Market and Revenues After Approval. JAMA Intern Med. 2017 Nov 1; 177 (11), S. 1569–1575.

Ross, S. (2018): Profit margins in the retail sector: What's normal?, https://www.investopedia.com/ask/answers/071615/what-profit-margin-usual-company-retail-sector.asp. (aufgerufen 21.02.2018).

v. Stackelberg J. M., Haas A., Tebinka-Olbrich A., Kleinert J. M. (2017a): Versorgungsqualität und Wirtschaftlichkeit seit AMNOG. AMNOG-Report 2017. Beiträge zur Gesundheitsökonomie und Versorgungsforschung (Band 17), medhochzwei Verlag, Heidelberg, S. 193–208.

v. Stackelberg, J. M., Haas, A., Tebinka-Olbrich, A., Zentner, A. (2016): Ergebnisse des AMNOG-Erstattungsbetragsverfahrens, in Schwabe, U./Paffrath, D. (Hrsg.): Arzneiverordnungs-Report 2016, Springer-Verlag Berlin Heidelberg, S. 159 ff.

v. Stackelberg, J.-M., Haas, A., Kleinert, J. M., Zentner, A., Tebinka-Olbrich, A. (2017b): Ergebnisse des AMNOG-Erstattungsbetragsverfahrens, in Schwabe, U., Paffrath, D., Ludwig, W.-D., Klauber, J. (Hrsg.): Arzneiverordnungs-Report 2017, Springer-Verlag GmbH Germany, Heidelberg S. 167ff.

Zentner, A., Haas, A. (2016a): Prinzip Hoffnung versus Prinzip Risiko – Folgen des beschleunigten Marktzugangs von Arzneimitteln. In: Schriftenreihe: Interdisziplinäre Plattform zur Nutzenbewertung: Adaptive Pathways – Chancen und Risiken. Springer-Verlag, Heft 3, S. 24 ff.

Zentner, A., Haas, A. (2016b): Adaptive Pathways – Was würde ein beschleunigter Marktzugang von Arzneimitteln in Deutschland bedeuten? In: Gesundheits- und Sozialpolitik 70 (1), S. 59–66.

Han Steutel

Vier Thesen für die neue Legislaturperiode aus Sicht der forschenden pharmazeutischen Industrie?

Schwere Krankheiten sind für die Betroffenen und ihre Angehörigen immer ein persönlicher Schicksalsschlag. Aber auch ganze Gesellschaften können in ihrer Entwicklung betroffen sein.

Arzneimittelforschung trägt mit neuen Arzneimitteln, Therapien und Darreichungsformen dazu bei, die Gesundheit der Menschen zu erhalten und Leiden zu lindern oder gar zu heilen. Sie wirkt auf die Leistungsfähigkeit und den sozialen Frieden einer Gesellschaft. Die Qualität einer Gesundheitsversorgung ist deshalb eine tragende Säule in einer Gesellschaft. Der Zugang der Menschen zu medizinischem Fortschritt und Innovationen ist ein wesentliches Qualitätsmerkmal.

Der Wunsch der Menschen nach Linderung und Heilung ihrer Krankheit ist eng mit der Menschheitsgeschichte verknüpft. Von der Antike bis heute haben Arzneimittel dabei eine wesentliche Rolle im Wettlauf um die Gesundheit gespielt. Heute leben wir dank vieler Innovationen in einer Zeit, in der wir pharmakologische Antworten auf alte Krankheitsgeißeln gefunden haben.

Arzneimittel-Innovationen sind eine Triebkraft für medizinischen Fortschritt. Sie sind Voraussetzung für eine bessere wie effizientere Versorgung der Patienten durch das Gesundheitssystem. Mit der Entwicklung innovativer Arzneimittel haben forschende Pharma-Unternehmen dazu beigetragen, dass die durchschnittliche Lebenserwartung in Deutschland seit Anfang des 20. Jahrhunderts um mehr als 30 Jahre gestiegen ist. Noch nie zu vor in der Geschichte der Menschheit sind so viele Menschen bei so hoher Gesundheit so alt geworden.

Diese Entwicklung ist erfreulich. Sie ist aber nicht nur Segen. Sie ist auch eine Herausforderung für unser Gesundheitssystem. Denn unser breiteres Wissen und tieferes Verständnis der Entstehungsgründe von Krankheiten wie zum Beispiel Krebs und das häufigere Auftreten von Alterserkrankungen fordern uns auf andere Weise heraus. Auch in Zukunft gilt es Therapiehoheit über Krankheitsursachen und -bilder zu definieren, zu schaffen, zu erhalten und auszubauen. Innovationen in der Arzneimittelversorgung sind für die forschenden Pharma-Unternehmen auch weiterhin kein Sprint, sondern ein Marathon.

1 Die forschende Pharmaindustrie ist ein starker Innovationsmotor

Manchmal werden Innovationen und Entdeckungen in der Arzneimittelversorgung allein mit Universitäten und Hochschulen verknüpft. In der Tat leistet die Grundlagenforschung an zahlreichen Forschungseinrichtungen in der Wissenschaft einen essentiellen und bedeutenden Beitrag. Sie klärt die Ursachen und den Verlauf von Erkrankungen molekülgenau auf und identifiziert Ansatzpunkte, an denen in die Krankheiten eingegriffen werden kann.

Doch es sind Pharmaforscher in unseren Mitgliedsunternehmen, die neben Grundlagenforschung gerade auch die schwierige Aufgabe lösen, die Wirkstoffe zu erfinden, die diese Krankheiten tatsächlich über diese Angriffspunkte bekämpfen; und die diese Wirkstoffe so erarbeiten, dass sie das ohne größere Kollateralschäden im Körper tun. Die Leistung der forschenden Pharma-Unternehmen ist es, durch angewandte Forschung, ausgehend von Erkenntnissen der Grundlagenforschung, anwendbare Therapeutika zu entwickeln. Sie forschen, entwickeln und produzieren in einem Bereich, der lebens- und überlebenswichtig für die Menschen ist.

Allein im Jahr 2016 wurden von Pharma-Unternehmen insgesamt 594 Studien zur Behandlung von insgesamt 210 verschiedenen Krankheiten durchgeführt. Im Mittelpunkt standen dabei Krebserkrankungen, Entzündungskrankheiten wie Rheuma, Multiple Sklerose, Asthma oder Morbus Chron aber auch die Zivilisationskrankheiten wie Herz-Kreis-Lauf-Erkrankungen oder Diabetes Typ 2. Ihre Forschungsergebnisse sind versorgungsrelevant, für alle Patienten, die auf Heilung und Linderung hoffen.

Besonders im Bereich der onkologischen Therapien haben wir als Folge des Erkenntnisgewinns der Grundlagenforschung in den zurückliegenden Jahren einen deutlichen Innovationsschub zu verzeichnen. Allein im Zeitraum 2011 bis 2016 wurden 68 Medikamente neu zugelassen und befanden sich 631 neue Moleküle in der letzten Phase der Entwicklung.

Ein segensreicher Innovationsschub. Doch statt über den Nutzen neuer Therapien zu sprechen, führen einige Kritiker eine Diskussion über Kostenrisiken für die Krankenkassen. Die Bedenken sind unberechtigt und werden sowohl den Patienteninteressen nach einer besseren Versorgung als auch dem Idealismus und Engagement nicht gerecht, die unsere Forscherinnen und Forscher in den Laboren zum Wohle der Menschen jeden Tag einbringen. Die Ausgaben für

Abb. 1: Forschung in allen Indikationen.

Krebsmedikamente machen nur 2 Prozent der Gesamtausgaben der Krankenkassen aus, um die zweithäufigste Todesursache zu bekämpfen.

Zunächst sprechen wir bei Krebs nicht über eine Krankheit, sondern
über viele. Jede von sich beschreibt ein komplexes Krankheitsgeschehen. Im
Fall von Lungenkrebs gingen die Forscher bis vor Kurzem von einer Unter-
scheidung zwischen kleinzelligem und nicht kleinzelligem Lungenkrebs aus.
Heute sind der Wissenschaft mindestens zwei duzend Varianten bekannt. Sie
verlangen den Forschern viel ab – denn sie alle erfordern unterschiedliche
Therapien. Dabei werden unser Wissen und die Forschungsansätze immer
komplexer. Lag der Fokus in der Vergangenheit noch darauf, wo der Krebs
wuchert, so fragen wir heute verstärkt danach, welche Genmutation treibt
sein Wachstum voran. Mit jedem Erkenntnisschritt öffnen wir eine weitere
Tür zu neuen Behandlungsmethoden: Operation, Bestrahlung, Chemothera-
pie, Arzneimitteltherapie und jetzt Immuntherapie. Und auch dies ist nicht
das letzte Kapitel der Krebsforschung. Neue Ansätze wie die Kombination
mehrerer Therapien, die Tumore gleichzeitig an mehreren Stellen angreifen
oder therapeutische Impfstoffe gegen Krebs und onkologische Viren sind
nicht mehr nur intellektuelle Konzepte, sondern werden bereits heute in
unseren Forschungslabors erforscht. Jeder dieser Schritte bringt uns auf dem
Weg zu wirksamen Therapien und erfolgreichen Behandlung der Patientinnen und Patienten voran.

Menschen, die mit innovativen Arzneimitteln erfolgreich behandelt werden, erhalten neue Lebenschancen. Seit 1990 hat die Krebssterblichkeit in
Deutschland um 25 Prozent abgenommen. Die durchschnittliche Lebenserwartung von Frauen hat sich in den letzten 20 Jahren um 3,5 Jahre, die von
Männern sogar um 5 Jahre bei gleichzeitig steigender Lebensqualität im Alter
erhöht. Sie können damit länger und aktiver am gesellschaftlichen und beruf-
lichen Leben teilhaben. Dadurch leisten sie einen wichtigen Beitrag für die
Gesellschaft und die Volkswirtschaft. Dies ist unser Ziel und das sollte ein
unverrückbarer Bestandteil einer zeitgemäßen patientenorientierten Gesundheitspolitik sein.

Es sind aber nicht nur die beständige Forschung und die daraus resultieren-
den Erfolge, die beeindruckend sind. Pharmaforschung lässt sich auch durch
den nüchternen Blick auf die Zahlen illustrieren. Rund 15 Millionen Euro pro
Tag und 5,4 Milliarden Euro pro Jahr geben die Mitgliedsfirmen des vfa für
Forschung und Entwicklung aus. Der Erfolg ist dabei nicht garantiert. Gerade
am Beispiel der Krebsforschung unserer Unternehmen lässt sich auch die
Geschichte von Chance und Risiko erzählen. Im Fall von Hautkrebs führte 30

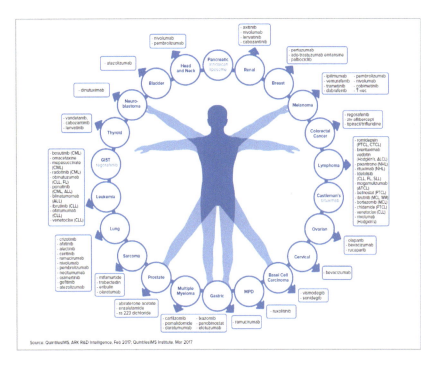

Abb. 2: Leistungsfähige Forschung sichert Fortschritt und Therapieoptionen in der Onkologie.

Jahre Forschung zu nur 7 Medikamenten. Im Bereich von Lungenkrebs wurden zwischen 1998 und 2014 insgesamt 10 neue Arzneimittel eingeführt. Im gleichen Zeitraum mussten 168 Studienprogramme abgebrochen werden. Forschung bedeutet für unsere Unternehmen häufig einen Marathon mit langem Atem und den unbedingten Glauben an den Erfolg bei einem ungewissen Ausgang.

2 Deutschland spart sich krank

Doch alle diese Fortschritte und Investitionen der forschenden Pharma-Unternehmen stiften für Patientinnen und Patienten nur dann einen Nutzen, wenn der Zugang zu Innovationen für Krankenhäuser, Ärzte, Apotheker und Patienten sichergestellt ist. Für eine moderne Gesundheitsversorgung ist von zentraler Bedeutung, medizinischer Fortschritt nicht als Bedrohung, sondern als Chance für eine wirksamere und schließlich effizientere Therapie zu begreifen. Jeder, der

Todesfälle durch Krebs
je 1.000 Einwohner in Deutschland

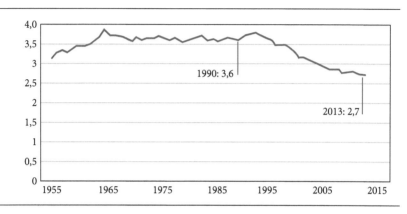

Quelle: IGES nach Angaben von GBE Bund, Statistischem Jahrbuch der DDR und Statischem
Bundesamt; Angaben Standardisiert auf die Bevölkerungsfortschreibung 2013

Abb. 3: Die Zahl der Neuerkrankungen steigt, die Zahl der Todesfälle aber nicht.

an der Gesundheitsversorgung mitwirkt, steht nicht nur in der Verantwortung,
sondern auch in der Pflicht, seinen Teil dazu beizutragen, dass Patientinnen und
Patienten die maximalen Chancen auf Gesundheit und mehr Lebensqualität zu
ermöglichen.

Die forschenden Pharmaunternehmen haben in den zurückliegenden Jahren im Vergleich zu anderen Leistungsbereichen in der Gesundheitsversorgung
einen zentralen Wandel erfahren. Die mit dem Arzneimittelmarktneuord-
nungsgesetz (AMNOG) eingeführte Zusatznutzenbewertung für Arzneimittel
mit neuen Wirkstoffen hat die Markteinführung und Preisbildung bei neuen
Arzneimitteln wesentlich verändert. Die Intention des Gesetzgebers soll Me-
too-Innovationen durch die Zuweisung ins Festbetragssystem verhindern und
wirkliche Innovationen fördern. Nach erfolgreicher Nutzenbewertung und der
Preisverhandlung zwischen Pharma-Unternehmer und – dies kann gar nicht
oft genug betont werden – dem GKV-Spitzenverband sind neue Arzneimittel wirtschaftlich. Mit 1,8 Mrd. Euro im Jahr 2017 tragen die Pharma-Unternehmen damit auch zu einer Entlastung des Gesundheitssystems bei. Es gibt
ein komplexes und umfangreiches staatliches Instrumentarium zur Regulierung der Arzneimittelpreise wie zum Beispiel AMNOG, Preismoratorium,

Herstellerabschläge, Festbeträge, Rabattverträge, Tagestherapiedosen sowie regionale Vereinbarungen der Krankenkassen und Kassenärztlichen Vereinigungen zur Ausgabenbegrenzung. Damit unterliegen fast alle GKV-Verordnungen im Arzneimittelbereich einer Regulierung. Der Arzneimittelmarkt ist heute einer der am stärksten regulierten Bereiche für die Privatwirtschaft in Deutschland. Es geht deshalb an der Realität vorbei, von „Mondpreisen" bei Arzneimitteln zu reden. Innovationen wie bei Hepatitis C haben erst jüngst den Nutzen von Innovationen für das System gezeigt und bewiesen. Die Entwicklung der Ausgabenentwicklung bei den Kassen belegt, dass das AMNOG und der Wettbewerb im Markt funktionieren.

Dennoch wird die arzneimittelpolitische Diskussion im Unterschied zu anderen Leistungsbereichen der Gesundheitsversorgung immer noch zu einseitig unter dem ökonomischen Aspekt der Einsparpotentiale geführt. Diskussionen über die Teilhabe von Patienten an Innovationen oder Konzepte zur besseren versorgungsrelevanten Erprobung neuer Arzneimittel finden dagegen nicht statt. Gerade in Zeiten finanzieller Stabilität der GKV beschreibt dies aus mehreren Gründen einen Widerspruch.

Die GKV erwirtschaftet seit mehreren Jahren hohe Überschüsse und läuft von Rekord zu Rekord. Nach Mitteilung des Bundesministeriums für Gesundheit (BMG) vom 2. März 2018 verfügt die GKV bei Einnahmen von knapp 234 Mrd. Euro über Reserven von insgesamt knapp 28 Mrd. Euro einschließlich Gesundheitsfonds. Die Beitragssätze sind stabil. Der durchschnittliche Zusatzbeitrag konnte zu Beginn des Jahres um 0,1 Prozentpunkte abgesenkt werden.

Auf der anderen Seite betragen die gesamten Gesundheitsausgaben in Deutschland seit Jahren durchschnittlich ca. 11 Prozent des Bruttoinlandsprodukts. Arzneimittel haben daran einen stabilen Anteil von lediglich 1,7 Prozent. Der Anteil der Arzneimittelausgaben an den Gesamtausgaben der Krankenkassen ist seit einigen Jahren sogar leicht rückläufig und bewegt sich in den durchschnittlichen Steigerungsraten der gesamten Leistungsausgaben. Ein Grund für die Ausgabenentwicklung im niedrigen einstelligen Bereich ist, dass sich die Entwicklungen der Arzneimittelausgaben für verschiedene Krankheitsgebiete ausgleichen. Umsatz- und Mengenzuwächse in Krankheitsbereichen, in denen derzeit viel Fortschritt stattfindet (z. B. in der Onkologie) stehen Umsatzrückgängen durch Patentabläufe in anderen Therapiegebieten gegenüber (z. B. bei Herz-Kreislauf-Erkrankungen).

Schließlich beträgt der Anteil der innovativen, patentgeschützten Arzneimittel (sogenannter „AMNOG-Arzneimittel") nur 6 Prozent der Gesamtausgaben der Krankenkassen. Anders gesagt: 94 Prozent der Gesamtausgaben der GKV

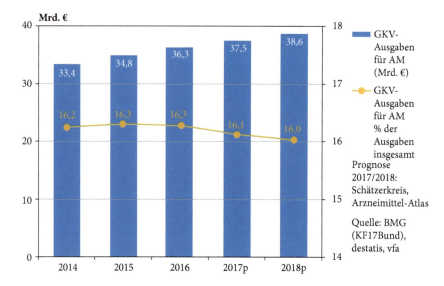

Abb. 4: Die GKV-Ausgaben für Arzneimittel sind stabil.

haben andere Ursachen als den Fortschritt der medikamentösen Behandlung. Innovative Medikamente sind in Deutschland immer öfter billiger als in anderen europäischen Ländern. Seit 2013 wird Deutschland zunehmend zum Netto-Exportland, d.h. in Deutschland werden billigere Medikamente aufgekauft, um sie in andere EU-Länder zu exportieren.

Dennoch bekommen Patientinnen und Patienten in Deutschland immer häufiger nicht mehr die Arzneimittel, die sie benötigen. Jedes fünfte neue Arzneimittel in Deutschland war oder ist zwischenzeitlich nicht mehr verfügbar. Von 180 Neueinführungen seit 2011 sind dies mittlerweile 35 Arzneimittel. Diesen Medikamenten wurden Wirksamkeit und Nutzen von den Zulassungsbehörden offiziell bestätigt. Sie werden laut ärztlicher Leitlinien für die Gesundheitsversorgung dringend gebraucht. Teilweise sind sie die einzige Behandlungsmöglichkeit.

Ein Missstand, den immer mehr Menschen bewusst erleben. Jeder dritte Patient hat mittlerweile die Erfahrung machen müssen, dass sein Arzt ihm ein bestimmtes Medikament aus Kostengründen nicht verordnen kann. Paradoxerweise geschieht dies in einer Zeit, in der ausreichend Geld im Gesundheitssystem vorhanden ist und die Krankenkassen Milliardenrücklagen ausweisen.

3 Der Wert von Innovationen muss richtig bewertet werden

Entscheidend für den auch politisch gewollten Zugang zu medizinischen Innovationen ist auch die Balance der Regularien und Bewertungsprozessen. Die Entwicklung der letzten Jahre zeigt zunehmend, dass das Pendel zu sehr in Richtung einer ausgabenorientierten Nutzenbewertung ausschlägt.

Ein Hauptgrund ist die Nutzenbewertung. In drei von vier Fällen aller negativen Bewertungen neuer Arzneimittel wird der therapeutische Wert dieser Arzneimittel vom Gemeinsamen Bundesausschuss (G-BA) aus „rein formalen Gründen" nicht anerkannt. Zum einen liegt dies daran, dass die Anforderungen des G-BA sich von der Zulassungsstudie so weit unterschieden, dass die Frage des Zusatznutzens anhand der vorliegenden Studien nicht beantwortbar war. Zum anderen werden häufig Studienergebnisse gefordert, die aus technischen oder ethischen Gründen nicht erbracht werden können bzw. dürfen.

Nach sechs Jahren Erfahrung mit dem 2011 eingeführten AMNOG-System wird zudem immer deutlicher, dass der G-BA neue Arzneimittel methodisch anders und deutlich restriktiver bewertet als die ärztlichen Fachgesellschaften, die Zulassungsbehörden und die Erstattungsorgane andere Länder. Studien und Ergebnisse, die international akzeptiert sind, werden in Deutschland nicht berücksichtigt. So wurde vom G-BA für mehrere Medikamente unter Verweis auf mögliche Nebenwirkungen ein zusätzlicher Nutzen für die Krebspatienten aberkannt, obwohl die Überlebenszeit zweifelsfrei verlängert wurde. Auch Verbesserungen der Anwendungsformen, wie die Einnahme eines Medikamentes zur Therapie der Multiplen Sklerose als Tablette statt als Spritze, von vornherein als „nicht patientenrelevant" ausgeblendet. Solche für Patienten höchst relevante Entscheidungen dürfen nicht aus formalen Gründen pauschal für alle Patienten getroffen werden. Diese Entscheidungen gehen am Versorgungsbedarf und -alltag der Patienten vorbei. Aspekte, die in der Versorgung eine zentrale Rolle spielen, sind für die Nutzenbewertung nicht relevant. Dies gilt es stärker zusammenzubringen.

Die Nutzenbewertung als lernendes System sollte deshalb für eine versorgungsorientierte Nutzenbewertung weiterentwickelt werden. Hierzu braucht es mehrere Ansatzpunkte.

Zum einen sollten die Bewertungsstrukturen im G-BA sollten neutraler aufgestellt werden:

- Die fachliche Expertise der Entscheidungen des G-BA sollte verbreitert werden. Dies betrifft zum einen die Patienten, die bereits heute ohne Stimmrecht vertreten sind. Ihre Position sollte in dem Gremium gestärkt werden. Genauso wichtig ist es die fachlich kompetenten Medizinerinnen und Mediziner zu beteiligen. Hier kommen insbesondere die medizinischen Fachgesellschaften in Betracht, die den Versorgungsbedarf und den Nutzen von Innovationen am besten aus ihrer täglichen Praxis heraus bewerten können.

- Auf der anderen Seite braucht es eine Korrektur bei der Rolle der Krankenkassen im G-BA. Wir haben die Situation, dass diejenigen, die später die Preise mit den Pharma-Unternehmen verhandeln, auch über deren Zusatznutzen entscheiden. Der GKV-Spitzenverband steht hier in einem natürlichen Interessenkonflikt. Denn die Erstattungsbereitschaft des GKV-Spitzenverbandes für Innovationen liegt erfahrungsgemäß eher auf dem Niveau der generischen Vergleichstherapie. Für eine faire Bewertung und Preisbildung braucht es ein neutraleres und objektiveres Verfahren.

Zum anderen sollten die Bewertungskriterien versachlicht werden:

- In der frühen Nutzenbewertung sollte der G-BA gesetzlich verpflichtet werden, die Studienlage zum Zeitpunkt der Zulassung zu akzeptieren und die vorhandene, bestverfügbare Evidenz tatsächlich nach international akzeptierten Standards sowie in Übereinstimmung mit den Bewertungen der Zulassungsbehörden und der Fachgesellschaften zu berücksichtigen.
- Zudem ist weiter die Harmonisierung der methodischen Vorgaben des G-BA mit den geltenden Zulassungsanforderungen anzustreben. Vereinbarte Studiendesigns sollten verbindlich eingehalten werden. Dies könnte wesentlich zu versorgungs- und innovationssichernden Ergebnissen bei der Nutzenbewertung beitragen.
- Patientenrelevante Endpunkte und die Verbesserung der Therapieform für die Compliance sollten bei der Nutzenbewertung stärker als bisher anerkannt werden.
- Schließlich muss das System der Nutzenbewertung mehr Flexibilität lernen. Krankheiten und Krankheitsverläufe folgen nicht einer binären Logik. Das Krankheitsgeschehen ist vielgestaltig. Dies ist die Herausforderung zum Beispiel bei chronischen Erkrankungen und den zunehmenden ZNS-Erkrankungen. Patientenrelevante Vorteile neuer Therapien werden hier teilweise erst nach Jahren der Behandlung sichtbar. Dies sollte zum Beispiel bei der maßgeblichen wirtschaftlichen und zweckmäßigen Vergleichstherapie bei der Nutzenbewertung stärker berücksichtigt werden.

4 Die Therapiefreiheit der Ärzte muss wiederhergestellt werden

Doch selbst, wenn der G-BA einem Medikament den Zusatznutzen zuerkannt hat, bedeutet das noch nicht, dass jeder Patient dies auch bekommen kann. Denn in Deutschland besteht ein Flickenteppich an Verordnungsqualitäten. Zu viele sich verstärkende und teilweise widersprechende bundesweite und regionale Regulierungsmaßnahmen verunsichern die verordnenden Ärzte. Dies schränkt ihre Therapiefreiheit ein.

Mit dem AMNOG wollte die Politik die Arzneimittelpreise zentral regulieren und die Versorgung mit innovativen Arzneimitteln für die Patienten sicherstellen. Arzneimittel mit einem neuen Wirkstoff sollen nach dem Gesetz einen wirtschaftlichen Preis bekommen. Zwangsläufig ist das ein Mischpreis, der das Mosaik aus unterschiedlich hohem Zusatznutzen für unterschiedlich große Patientengruppen abbildet. Die Verordnungsmenge wird dabei berücksichtigt, sodass auch von einer bundesweit gültigen Preis-Mengen-Vereinbarung für ein Produkt gesprochen werden kann. Die ökonomische Verordnungssteuerung auf der Nachfrageseite, die vor AMNOG der zentrale Hebel der Kostendämpfung in Deutschland war, ist damit für den „Neumarkt" entbehrlich.

Dennoch tritt neben diese klare gesetzliche Regelung ein komplexes Bündel an Regulierungen und Instrumenten auf regionaler Ebene. Viele Krankenkassen, Kassenärztliche Vereinigungen und andere Ärzteverbände, die in den Regionen jeweils für die Anwendung des „alten" Steuerungsinstrumentariums des SGB V verantwortlich sind, wenden diese Instrumente auch auf AMNOG-regulierte Medikamente an. So kommt es de facto zu einer ökonomischen Doppelregulierung. Es ist keineswegs überall sichergestellt, dass die Medikamente im Anschluss an das AMNOG-Verfahren in der Patientenversorgung eingesetzt werden. Ob man ein neues innovatives Medikament bekommt oder nicht, hängt damit nicht zuletzt auch vom Wohnort ab.

Zudem gibt es Beispiele, in denen Krankenkassen konkrete Warnschreiben an Ärzte verschicken und sie dazu auffordern, innovative Arzneimittel zurückhaltend zu verordnen. Andere Kassen zahlen wiederum „Umstellungsprämien" an die Ärzte, wenn sie ihre Patienten von dem als besser bewerteten Medikament auf das unterlegene Medikament umstellen. In wieder anderen Fällen werden neue Arzneimittel auch über eine „Ampel" in der Arztsoftware aus der Versorgung gesteuert.

Mit seinem Urteil vom 28. Juni 2017 hat das Landessozialgericht Berlin-Brandenburg (LSG) zudem weitreichende Aussagen zum AMNOG-Verfahren G-BA bei einem Arzneimittel für einzelne Patientengruppen einen Zusatznutzen

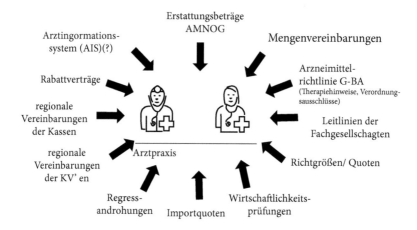

Abb. 5: Ärzte im Netz zentraler und regionaler Arzneimittelvereinbarungen und -vorgaben.

anerkannt hat, für andere Patientengruppen jedoch nicht. Die flexible Idee des AMNOG einen im Einzelfall angemessenen Preis zu finden, würde durch einen starren Logarithmus, der sich stark am generischen Preisanker der zweckmäßigen Vergleichstherapie orientiert, ersetzt. Dies schränkt nicht nur die Autonomie der Verhandlungspartner und den Bewegungsraum der Schiedsstelle ein. Es erfordert auch ein völlig neues Kodiersystem, das aufgrund des hohen Differenzierungsbedarfs sehr anfällig für Fehlkodierungen und Strategien wäre.

Die Folgen der mit dem LSG-Urteil angestoßenen Mischpreisdiskussion haben bereits jetzt zu einer erheblichen Verunsicherung innerhalb der Ärzteschaft geführt. Werden die komplexen Informationen der Nutzenbewertung noch mit dem Drohpotential möglicher Regresse bei Unwirtschaftlichkeit befrachtet, besteht die Gefahr, dass neue Arzneimittel auch für jene Patienten nicht zur Verfügung stehen, bei denen der Therapiestandard nicht hilft oder nicht vertragen wird. Patienten bekommen eher das, was billig ist, und nicht das, was für sie medizinisch-therapeutisch am besten wäre.

Schließlich soll mit dem Arztinformationssystem (AIS) zu den bestehenden regionalen Informationssystemen und -instrumenten der Krankenkassen und Kassenärztlichen Vereinigungen ein weiteres Informationsangebot eingeführt werden. Dessen Ziel ist es, Ärzte besser über Fragen des Zusatznutzens von Arzneimitteln in Kenntnis zu setzen und damit bei ihren Therapieentscheidungen zu unterstützen. Ein solches System dient aber nur einer besseren Patientenversorgung, wenn es eine breite Informationsbasis für den Arzt darstellt, das korrekt über die Nutzenbewertung des G-BA informiert und von ihm keine ausschließlich ökonomisch motivierten Verordnungsvorgaben ausgehen.

In der Summe bilden all diese Informationsangebote und Regelungsmechanismen ein komplexes und auch teilweise kaum durchdringbares System. Für die Verordnung innovativer Medikamente müssen für Ärzte jedoch klar verständliche und einfach handhabbare Regeln gelten. Widersprüchliche Doppelregulierungen müssen abgeschafft werden. Gleichzeitig müssen die Ausgaben für diese Medikamente kontrollierbar bleiben. Das bedeutet:

- Für Medikamente, die nach 2011 auf den Markt kamen, müssen ausschließlich die ab diesem Zeitpunkt eingeführten Regulierungen gelten. Für diese Medikamente muss gesetzlich klargestellt werden, dass die zentral und für das gesamte Medikament zwischen dem GKV-Spitzenverband und dem pharmazeutischen Unternehmer auf Basis der vom G-BA durchgeführten Nutzenbewertung vereinbarter Preise auch wirklich gelten, d.h. „wirtschaftlich" sind. Wozu macht man sonst die Vereinbarung?

- Aufgrund fehlender Eindeutigkeit im SGB V muss klargestellt werden, dass die vereinbarten Preise einer Mischkalkulation unterliegen dürfen. Andernfalls – im Falle von unterschiedlichen Preisen für unterschiedliche Anwendungsgebiete bzw. Subgruppen für ein und dasselbe Medikament – wäre einem Missbrauch durch „Up- bzw. Down-Coding"-Strategien der Krankenkassen Tür und Tor geöffnet. Ein Problem, das bereits in der Codierung für Zuweisungen aus dem Morbi-RSA auftrat.

5 Fazit

Die Chancen der Patientinnen und Patienten auf Linderung der Beschwerden und Heilung sind heute größer denn je. Wir verfügen über eine leistungswillige und leistungsfähige Arzneimittelforschung. Ihre Erfolge in Form von versorgungsrelevanten neuen Wirkstoffen und Therapien sollten als Angebot für eine zeitgemäße und effiziente Versorgung verstanden werden. Dieser Beitrag der forschenden Pharma-Unternehmen ist aber nur ein Baustein. Nur das Zusammenwirken mit den Ärzten, Apothekern und Kliniken – aber auch den Kassen – bietet mehr Chancen auf eine bessere Versorgung der Patienten. Hierzu erfordert es nicht nur den politischen Dialog, sondern auch den Dialog der gesundheitspolitischen Stakeholder auf Augenhöhe, der innovative Pharmaforschung anerkennt und fördert. Damit der medizinische Fortschritt nicht stagniert.

Verzeichnis der Autoren

Marco Annas
BAYER VITAL GmbH
Leiter Market Access/Health Policy
Gebäude K56
51368 Leverkusen

Professor Dr.
Boris Augurzky
RWI-Leibniz-Institut für
Wirtschaftsforschung
Leiter des Kompetenzbereichs Gesundheit
Hohenzollernstraße 1–3
45128 Essen

Professor
Josef Hecken
Vorsitzender des Gemeinsamen
Bundesausschusses
Wegelystraße 8
10623 Berlin

Michael Hennrich, MdB
Deutscher Bundestag
Platz der Republik 1
10011 Berlin

Dr. Eibo Krahmer
Geschäftsführer Finanzmanagement
Vivantes Netzwerk für Gesundheit GmbH
Aroser Allee 72–76
13407 Berlin

Dr. Wulf-Dietrich Leber
Abteilungsleiter Krankenhäuser
GKV-Spitzenverband
Reinhardtstraße 28
10117 Berlin

Professor Dr.
Günter Neubauer
Direktor des IfG
Institut für Gesundheitsökonomik
Frau-Holle-Straße 43
81739 München

Dr. Anja Tebinka-Olbricht
Spitzenverband der Krankenkassen
Abteilung Arznei- und Heilmittel
Reinhardtstraße 28
10117 Berlin

Dr. Kerstin Pietsch
Spitzenverband der Krankenkassen
Abteilung Arznei- und Heilmittel
Reinhardtstraße 28
10117 Berlin

Johann-Magnus von Stackelberg
Stellv. Vorstandsvorsitzender
GKV-Spitzenverband
Reinhardtstraße 28
10117 Berlin

Dr. Christian Stallberg
Rechtsanwalt
NOVACOS Rechtsanwälte
Jägerhofstraße 31–32
40479 Düsseldorf

Han Steutel
Geschäftsführer
Bristol-Myers Squibb GmbH & Co. KGaA
Arnulfstraße 29
80636 München

Professor Dr.
Volker Ulrich
Universität Bayreuth
Lehrstuhl für VWL III
Postfach
95440 Bayreuth

Professor Dr.
Eberhard Wille
Josef-Braun-Ufer 23
68165 Mannheim

Julian Witte
Universität Bielefeld
Fakultät für Gesundheitswissenschaften/A65
Universitätsstraße 25
33615 Bielefeld

STAATLICHE ALLOKATIONSPOLITIK IM MARKTWIRTSCHAFTLICHEN SYSTEM

Band   1 Horst Siebert (Hrsg.): Umweltallokation im Raum. 1982.

Band   2 Horst Siebert (Hrsg.): Global Environmental Resources. The Ozone Problem. 1982.

Band   3 Hans-Joachim Schulz: Steuerwirkungen in einem dynamischen Unternehmensmodell. Ein Beitrag zur Dynamisierung der Steuerüberwälzungsanalyse. 1981.

Band   4 Eberhard Wille (Hrsg.): Beiträge zur gesamtwirtschaftlichen Allokation. Allokationsprobleme im intermediären Bereich zwischen öffentlichem und privatem Wirtschaftssektor. 1983.

Band   5 Heinz König (Hrsg.): Ausbildung und Arbeitsmarkt. 1983.

Band   6 Horst Siebert (Hrsg.): Reaktionen auf Energiepreissteigerungen. 1982.

Band   7 Eberhard Wille (Hrsg.): Konzeptionelle Probleme öffentlicher Planung. 1983.

Band   8 Ingeborg Kiesewetter-Wrana: Exporterlösinstabilität. Kritische Analyse eines entwicklungspolitischen Problems. 1982.

Band   9 Ferdinand Dudenhöfer: Mehrheitswahl-Entscheidungen über Umweltnutzungen. Eine Untersuchung von Gleichgewichtszuständen in einem mikroökonomischen Markt- und Abstimmungsmodell. 1983.

Band 10 Horst Siebert (Hrsg.): Intertemporale Allokation. 1984.

Band 11 Helmut Meder: Die intertemporale Allokation erschöpfbarer Naturressourcen bei fehlenden Zukunftsmärkten und institutionalisierten Marktsubstituten. 1984.

Band 12 Ulrich Ring: Öffentliche Planungsziele und staatliche Budgets. Zur Erfüllung öffentlicher Aufgaben durch nicht-staatliche Entscheidungseinheiten. 1985.

Band 13 Ehrentraud Graw: Informationseffizienz von Terminkontraktmärkten für Währungen. Eine empirische Untersuchung. 1984.

Band 14 Rüdiger Pethig (Ed.): Public Goods and Public Allocation Policy. 1985.

Band 15 Eberhard Wille (Hrsg.): Öffentliche Planung auf Landesebene. Eine Analyse von Planungskonzepten in Deutschland, Österreich und der Schweiz. 1986.

Band 16 Helga Gebauer: Regionale Umweltnutzungen in der Zeit. Eine intertemporale Zwei-Regionen-Analyse. 1985.

Band 17 Christine Pfitzer: Integrierte Entwicklungsplanung als Allokationsinstrument auf Landesebene. Eine Analyse der öffentlichen Planung der Länder Hessen, Bayern und Niedersachsen. 1985.

Band 18 Heinz König (Hrsg.): Kontrolltheoretische Ansätze in makroökonometrischen Modellen. 1985.

Band 19 Theo Kempf: Theorie und Empirie betrieblicher Ausbildungsplatzangebote. 1985.

Band 20 Eberhard Wille (Hrsg.): Konkrete Probleme öffentlicher Planung. Grundlegende Aspekte der Zielbildung, Effizienz und Kontrolle. 1986.

Band 21 Eberhard Wille (Hrsg.): Informations- und Planungsprobleme in öffentlichen Aufgabenbereichen. Aspekte der Zielbildung und Outputmessung unter besonderer Berücksichtigung des Gesundheitswesens. 1986.

Band 22 Bernd Gutting: Der Einfluß der Besteuerung auf die Entwicklung der Wohnungs- und Baulandmärkte. Eine intertemporale Analyse der bundesdeutschen Steuergesetze. 1986.

Band 23 Heiner Kuhl: Umweltressourcen als Gegenstand internationaler Verhandlungen. Eine theoretische Transaktionskostenanalyse. 1987.

Band 24 Hubert Hornbach: Besteuerung, Inflation und Kapitalallokation. Intersektorale und internationale Aspekte. 1987.

Band 25 Peter Müller: Intertemporale Wirkungen der Staatsverschuldung. 1987.

Band 26 Stefan Kronenberger: Die Investitionen im Rahmen der Staatsausgaben. 1988.

Band 27 Armin-Detlef Rieß: Optimale Auslandsverschuldung bei potentiellen Schuldendienstproblemen. 1988.

Band 28 Volker Ulrich: Preis- und Mengeneffekte im Gesundheitswesen. Eine Ausgabenanalyse von GKV-Behandlungsarten. 1988.

Band 29 Hans-Michael Geiger: Informational Efficiency in Speculative Markets. A Theoretical Investigation. Edited by Ehrentraud Graw. 1989.

Band 30 Karl Sputek: Zielgerichtete Ressourcenallokation. Ein Modellentwurf zur Effektivitätsanalyse praktischer Budgetplanung am Beispiel von Berlin (West). 1989.

ALLOKATION IM MARKTWIRTSCHAFTLICHEN SYSTEM

Band 31 Wolfgang Krader: Neuere Entwicklungen linearer latenter Kovarianzstrukturmodelle mit quantitativen und qualitativen Indikatorvariablen. Theorie und Anwendung auf ein mikroempirisches Modell des Preis-, Produktions- und Lageranpassungsverhaltens von deutschen und französischen Unternehmen des verarbeitenden Gewerbes. 1991.

Band 32 Manfred Erbsland: Die öffentlichen Personalausgaben. Eine empirische Analyse für die Bundesrepublik Deutschland. 1991.

Band 33 Walter Ried: Information und Nutzen der medizinischen Diagnostik. 1992.

Band 34 Anselm U. Römer: Was ist den Bürgern die Verminderung eines Risikos wert? Eine Anwendung des kontingenten Bewertungsansatzes auf das Giftmüllrisiko. 1993.

Band 35 Eberhard Wille, Angelika Mehnert, Jan Philipp Rohweder: Zum gesellschaftlichen Nutzen pharmazeutischer Innovationen. 1994.

Band 36 Peter Schmidt: Die Wahl des Rentenalters. Theoretische und empirische Analyse des Rentenzugangsverhaltens in West- und Ostdeutschland. 1995.

Band 37 Michael Ohmer: Die Grundlagen der Einkommensteuer. Gerechtigkeit und Effizienz. 1997.

Band 38 Evamaria Wagner: Risikomanagement rohstoffexportierender Entwicklungsländer. 1997.

Band 39 Matthias Meier: Das Sparverhalten der privaten Haushalte und der demographische Wandel: Makroökonomische Auswirkungen. Eine Simulation verschiedener Reformen der Rentenversicherung. 1997.

Band 40 Manfred Albring / Eberhard Wille (Hrsg.): Innovationen in der Arzneimitteltherapie. Definition, medizinische Umsetzung und Finanzierung. Bad Orber Gespräche über kontroverse Themen im Gesundheitswesen 25.–27.10.1996. 1997.

Band 41 Eberhard Wille / Manfred Albring (Hrsg.): Reformoptionen im Gesundheitswesen. Bad Orber Gespräche über kontroverse Themen im Gesundheitswesen 7.–8.11.1997. 1998.

Band 42 Manfred Albring / Eberhard Wille (Hrsg.): Szenarien im Gesundheitswesen. Bad Orber Gespräche über kontroverse Themen im Gesundheitswesen 5.–7.11.1998. 1999.

Band 43 Eberhard Wille / Manfred Albring (Hrsg.): Rationalisierungsreserven im deutschen Gesundheitswesen. 2000.

Band 65 Eberhard Wille / Klaus Knabner (Hrsg.): Strategien für mehr Effizienz und Effektivität im Gesundheitswesen. 16. Bad Orber Gespräche über kontroverse Themen im Gesundheitswesen. 2013.

Band 66 Timo Wasmuth: Gesundheitsausgaben: Determinanten und Auswirkungen auf die Gesundheit. Theoretische Modellierung und empirische Analyse. 2013.

Band 67 Eberhard Wille (Hrsg.): Wettbewerb im Arzneimittel- und Krankenhausbereich. 17. Bad Orber Gespräche über kontroverse Themen im Gesundheitswesen. 2013.

Band 68 Christian Maier: Eine empirische Analyse der Anreize zur informellen Pflege. Impulse für Deutschland aus einem europäischen Vergleich. 2015.

Band 69 Eberhard Wille (Hrsg.): Versorgungsdefizite im deutschen Gesundheitswesen. 18. Bad Orber Gespräche über kontroverse Themen im Gesundheitswesen. 2015.

Band 70 Anke Schliwen: Versorgungsbedarf, Angebot und Inanspruchnahme ambulanter hausärztlicher Leistungen im kleinräumigen regionalen Vergleich. 2015.

Band 71 Eberhard Wille (Hrsg.): Verbesserung der Patientenversorgung durch Innovation und Qualität. 19. Bad Orber Gespräche über kontroverse Themen im Gesundheitswesen. 2015.

Band 72 Eberhard Wille (Hrsg.): Entwicklung und Wandel in der Gesundheitspolitik. 20. Bad Orber Gespräche über kontroverse Themen im Gesundheitswesen. 2016.

Band 73 Eberhard Wille (Hrsg.): Neuerungen im Krankenhaus- und Arzneimittelbereich zwischen Bedarf und Finanzierung. 21. Bad Orber Gespräche über kontroverse Themen im Gesundheitswesen. 2017.

Band 74 Eberhard Wille (Hrsg.): Reformbedarf im Krankenhaus- und Arzneimittelbereich nach der Wahl. 22. Bad Orber Gespräche über kontroverse Themen im Gesundheitswesen. 2018.

www.peterlang.com